工藤保則
大山小夜
笠井賢紀
㊙

基礎ゼミ
Preliminary Seminar of
Sociology

社会学

世界思想社

目次

はじめに 1

第Ⅰ部　日常生活を問う　9

第1章　自分と他人の関係ってどんなもの？　奥村 隆　10
　　　　　——アイデンティティ、他者、まなざし

1　自己、他者、まなざし　10
2　「まなざしの地獄」を読む　12
3　「まなざし」は何を生むか　16
4　「ふつうの人」はどこにいるか　20

第2章　家族ってどんな社会？　柴田 悠　26
　　　　　——親密性、第一次集団／第二次集団、ライフコース

1　「家族」ってどんな社会？　26
2　公式統計から家族の「現実」を調べる　29
3　「現実」の背景を考える　32
4　「幸せな家族」を作るには？　35

第3章　福祉や教育はどうやって決まる？　三谷はるよ　40
　　　　　——福祉国家、大きな政府、社会規範

1　国によって違う福祉や教育　40
2　公式統計から支出額の違いを調べる　42
3　違いの原因を問う　47
4　福祉や教育を生み出す歴史・文化　49

第4章 地域社会は誰が作る？　　笠井賢紀　55
　　──コミュニティ、アクションリサーチ、アーバニズム

1　失われゆく地域社会　55
2　地域社会とのかかわりを調べる　57
3　価値観はどのように調整されるか　61
4　個人の価値観から「成解」したコミュニティ　65

第5章 働くってどういうこと？　　阿部真大　69
　　──官僚制、組織

1　「働くこと」の現在　69
2　プレ氷河期の歌詞を読んでみよう　71
3　職業観が変化した理由を考える　74
4　「働くこと」の未来　79

第Ⅱ部　身近な文化を問う　　85

第6章 文化って何？　　工藤保則　86
　　──風俗、考現学、消費社会

1　文化はよくわからない　86
2　「かわいい」を採集する　87
3　風俗から文化を考える　91
4　変化していく風俗と現代的な日本文化　95

第7章 私たちはメディアをどう使う？　　白土由佳　100
　　──情報化、社会的性格

1　情報化とメディアの変容　100
2　データでソーシャルメディアの役割を知る　102
3　メディアと社会の関係を考える　106
4　人びとによる情報発信とライフスタイル　110

第8章 性を意識するのはどんなとき? 米澤 泉 115
――ジェンダー、性別役割分業、セクシュアリティ

1 ジェンダーを着る 115
2 ファッション誌を読んでみよう 117
3 どんな生き方を描いているか 120
4 ライフコースは多様化するか 125

第9章 エスニシティは身近にある? 挽地康彦 131
――グローバリゼーション、エスニシティ、民族関係

1 「外国人」は身近にいる? 131
2 新聞記事から共生の条件を探る 133
3 外国人と日本人の関係はどのように変わるか 137
4 複数の民族はいかに結合するか 140

第Ⅲ部 社会につながる 145

第10章 格差がなくならないのはなぜ? 吉川 徹 146
――不平等、学歴社会、階級・階層

1 本当のリアルはオトナになってから? 146
2 データから世代間の関係を知る 148
3 格差を生み出す要因を考える 151
4 私たちの社会の格差の姿 153

第11章 社会問題はいかにして起こるのか? 大山小夜 159
――社会問題、ラベリング、社会的コントロール

1 身近で大きな社会問題 159
2 インタビューで過剰債務者の現実に迫る 161
3 過剰債務のメカニズムを理解する 166
4 社会問題はいかにして起こるのか 169

目次

第12章 社会運動って特別なもの？ 宮垣 元 174
―― NPO／NGO、ネットワーク、新しい社会運動

1 社会の矛盾や課題にどう向きあう？　174
2 ライフヒストリー法でプロセスを読む　176
3 NPOを組織／ネットワークとして考える　182
4 多様な社会運動から何を見出すか　185

第13章 自然環境といかに向きあうか？ 青木聡子 190
―― 科学技術、リスク

1 自然環境と私たち　190
2 現地調査で賛否の理由(わけ)に迫る　192
3 人びとの言いぶんや意味づけを理解する　196
4 自然環境を介した人と人との関係性　200

第14章 政治は政治家だけのものではない？ 西田亮介 205
―― 選挙、民主主義、政治的社会化

1 政治行動と民主主義　205
2 投票率の推移を調べる　206
3 なぜ生活者が政治に関心をもてないか　209
4 生活者と政治、社会と政治の関係　214

引用文献　219
索引　223

はじめに

社会学でレポートを書くには？

　あなたは先生から「○○についてのレポートを書きなさい」と言われて困ったという経験はありませんか。もしあなたが大学4年生なら、このことで困ってしまっていたら、先生の方も困ってしまいます。しかし、あなたが大学1、2年生なら、困ってしまっても、当然かもしれません。なぜなら、まだそういうトレーニングを受けていないのですから。

　とはいえ、あなたはレポートの書き方についての授業は受けているかもしれませんね。最近では、大学1、2年生向けに、「大学生入門」「大学基礎講座」というような、学び方のテクニックやノウハウを教える授業があります。それ用の教科書も多くあるようです。そこでは「レポートの書き方」だけではなく、「図書館の利用のしかた」や「情報検索の方法」などが丁寧に説明されています。しかし、それらを学んだとしても、「レポートを書きなさい」と言われたときのあの悩みは解消されないでしょう。レポートを書こうとしても、そのために必要な、「問い」が立てられない、「資料」が読めない、「考察」ができない、「理論化」にもっていけない、というのが正直なところではないでしょうか。「畳のうえで泳ぎ方を練習しても海で泳ぐときには役に立たない」というたとえ話がありますが、それに近いかもしれません。

　また、あなたがレポートを書こうとしたときに大きく立ちはだかる（？）のは、はじめて学ぶ学問である「社会学」そのものかもしれませんね。大学では、社会学をはじめて学ぶ人のために、「社会学入門」とか「社会学概論」といった授業も用意されています。いろいろな話題を社会学的なものの見方・とらえ方から説明する授業を聞いて、「社会学はおもしろいなぁ」と感じてくれたとしたらとてもうれしく思います。しかし実際には、「社会学が扱う領域はすごく広いなぁ」とか「なんでも「社会学」なので、かえってとらえにくいなぁ」と感じている人が多いようにも思います。

はじめに

　社会学の「自由さ」の前に立ちすくみ、「「問い」が立てられない、「資料」が読めない、「考察」ができない、「理論化」にもっていけない」と悩んでいる人に対して、「○○についてレポートを書きなさい」とか「○○について議論しなさい」などといきなり言うのは酷なことですね。「社会学」と「(テクニックを含む) 学びの行為」を別々に学んでいるので、多くの人が悩んでしまうのは当然といえば当然のことかもしれません。

　そもそも、「社会学」（に限らず大学で学ぶ学問全般）と「問う」「資料を読む」「考察する」「理論化する」という行為は重なって存在するものです。だとしたら、それらを別々に学ぶのではなく、一体化して学ぶ方が有効であり、またそれが本来の姿のように思います。一体化して学ぶことによって身につく、社会学に基づいて考える力、議論する力、書く力こそ、大学での学びにふさわしいのではないでしょうか。

「基礎ゼミ」での学び

　多くの大学では「基礎ゼミ（演習）」や「入門ゼミ（演習）」といった授業が用意され、3、4年生での専門的な「ゼミ（演習）」への橋渡しとしているようです。考えてみれば、この「基礎ゼミ」や「入門ゼミ」ほど、「社会学」と「学びの行為」を一体化して学ぶのに適した授業はないように思います。

　この本のタイトルは、そのものずばり『基礎ゼミ　社会学』です。まさしく、1、2年生に「社会学」と「学びの行為」を一体化して学んでもらうことを目的とした教科書です。以下ではこのタイトルについて説明しながら、この本の特徴を紹介したいと思います。

　まず「基礎ゼミ」の「ゼミ」とはそもそも何なのでしょうか。教科書的にいいますと「seminar（ドイツ語でゼミナール、英語でセミナー）を略した言葉。少人数で、双方向的に、あるテーマに関して議論を行う授業形態」です。もう少しかみくだいていうと、あるテーマに関して、仲間（そこには先生も含まれています）と議論をしながら一緒に考える授業、また、その実践を通して、仲間とともに高めあう授業、とでもいえるでしょうか。「仲間とともに種子（たね）をまく空間」と述べた人もいたようです。このことを理解してもらうために、第1章では架空のゼミの様子を描いています。それによってゼミの空気感をつかん

でもらえたらうれしく思います。

　仲間と議論をしながら学ぶということに関して、この本には大きな特徴があります。それは、【グループワーク】を取り入れている点です。ゼミというのは黙って座っているだけではまったくおもしろくありません。みずから積極的に取り組まないと、得るものはほとんどないでしょう。そこで、この本では20～30分くらいの時間を必要とする【グループワーク】を各章に1つ入れています（p.6～7の表0-1の「グループワークの方法」を参照）。【グループワーク】の課題を使ってゼミの仲間と議論したり作業したりして、みんなで考えるという体験を積み重ねてほしいと思います。

　そのほかに、数分で終わるくらいの簡単な【ワーク】やじっくり時間をかけて取り組む【ホームワーク】を用意しています。【ワーク】については各章のおわりに【ワークシート】をつけています。それに書き込むことで、自分の考えを具体化、可視化してください。

社会学って何？

　タイトルにある「社会学」は、いうまでもなく、あなたが学ぼうとしている／学びはじめた学問です。この本を手に取っているあなたは、多くの場合、社会学部とか社会学科とか社会学コースとかに在籍していることでしょう（もちろん、そうではない場合もあると思います）。そういうあなたは、なんらかの理由で「社会学っておもしろそう」と思ったからこそ、今、この本を開いているのだと思います。あなたがイメージした「社会学のおもしろさ」とは何なのでしょうか。イメージですから、それぞれの人がそれぞれのイメージをもっていることでしょう。そういう意味では、「これが社会学のおもしろさです」と簡単にいうことはできないのですが、しいていえば「社会学的なものの見方・とらえ方」そのもの、そして「それを社会において実感できること」が社会学の魅力のひとつといえるかもしれません。

　実際に、社会学はとてもおもしろい学問です。しかし、はじめて学ぶ人にとっては社会学が扱う領域は広すぎて困ってしまうかもしれません。そこで、この本では、社会学の全体を整理して、「とらえやすく」しようと試みました。

　その試みに関連するこの本の2つ目の特徴は、各章が、2014年9月に日本

はじめに

学術会議の社会学委員会によって発表された、「大学教育の分野別質保証のための教育課程編成上の参照基準　社会学分野」(以下、「参照基準」とします)に基づいて構成されているということです。これは、それぞれの学問を学ぶ学生が「……何を身に付けることが期待されるのか」という問いに対して、専門分野の教育という側面から一定の見解を提示する枠組み」(日本学術会議 2014：3)のことです。

社会学をはじめて学ぶ人は「なんでも「社会学」」と言われても、ちょっと……」と戸惑ってしまうと思います。そこで、「参照基準」をベースにすることでその戸惑いを少なくできれば、と考えました。「参照基準」というのは、「取扱説明書」みたいなもの、といったら理解してもらいやすいかもしれません。「参照基準」の「社会学の学びを通じて獲得すべき基本的な知識と理解」という項目には、「社会を構成する諸領域」として14の領域があげられています(表0-1の「「参照基準　社会学分野」における諸領域」を参照)。

それらは、社会学が扱う対象を示すものとして、とてもわかりやすいものだと思いましたので、この本でも、その14の領域を網羅した章立てにしました。

社会学を体験する

この本の3つ目の特徴は、「社会調査」のごく簡単な手ほどきもしているという点です。「社会」をとらえるために、社会学は「社会調査」という有効な手段・方法をもっています(社会調査については、「社会調査士」「専門社会調査士」という資格もあります(一般社団法人社会調査協会 2016))。社会調査(法)についての詳しい授業は、それぞれの大学において別に用意されていると思います。ここでは、その初歩的な手ほどきをしたのち疑似社会調査分析をしてもらうように、第1章をのぞく各章で、社会調査の各種手法について紹介しています。

また、各章の節の構成にも工夫をしています。

第1節にあたる「問いを発見する」は、身近な話題から話をはじめ、そこから「問い」を発見するまでの過程を書いています。「問いを発見する」というのは、とても難しいことなのですが、第1章から第14章までを読んでいくと、だんだんそのコツがとらえられるようになるでしょう。

第2節にあたる「問いにしたことを調べる」は、前節の「問いを発見する」を受けながら、筆者による「問い」を提示し、そこに至るまでの経緯・過程を説明しています（表0-1の「具体的な問いの内容」を参照）。また、その「問い」を解いていくための資料の提示もしています。その資料には、新聞、ネット、雑誌、写真、公式統計、また筆者によって作成されたデータなどがあり、それについての説明や解説もされています（表0-1の「問いへのアプローチ」を参照）。

　第3節にあたる「調べたことを考察する」では、前節の「問いにしたことを調べる」を受け、「問い」に対して「資料」を使った社会学的考察がなされます。

　第4節にあたる「考察したことを理論化して深める」では、それまでのことをまとめ、理論化（社会学の理論と照らしあわせながら考察を深める作業）がなされます。

　各節には、先述のように【ワーク】【グループワーク】【ホームワーク】が用意されています。

　4つの節で示す手順は、じつは、レポートを書く際の手順と同じです。「○○についてレポートを書きなさい」と先生から言われて困っていた人も、この本を使って学ぶことによって、「いつのまにか、（社会学的な）レポートを書くトレーニングができていた」となればうれしく思います。

　最後に、この本を作りはじめたときに、編者と編集者が考えていたことを少しだけ述べてみたいと思います。私たちは「社会学を学ぼうとしている学生／学びはじめた学生に、おもいっきり社会学を体験してもらいたいなぁ」という気持ちから、この本の企画を立ち上げました。「社会学を体験する」を具体的に表すとどのようになるのだろうかという話しあいを何度も何度も重ねました。それから、私たちの気持ちや考えを共有してくれる先生たちに声をかけ、一緒に作ったのがこの本です。

　あなたが、この本を通して、新鮮なことをいっぱい体験できますように。

編者を代表して　工藤保則

はじめに

表0-1　本書の内容

章	主題	副題 (キーワード)	「参照基準　社会学分野」における諸領域 (日本学術会議社会学委員会 2014)
1	自分と他人の関係ってどんなもの？	アイデンティティ，他者，まなざし	ア　相互行為と自我や意味の形成
2	家族ってどんな社会？	親密性，第一次集団／第二次集団，ライフコース	イ　家族などの親密な関係性
3	福祉や教育はどうやって決まる？	福祉国家，大きな政府，社会規範	カ　医療・福祉・教育
4	地域社会は誰が作る？	コミュニティ，アクションリサーチ，アーバニズム	ケ　都市・農村などの地域社会・コミュニティ
5	働くってどういうこと？	官僚制，組織	エ　労働・消費などの活動と企業・産業など
6	文化って何？	風俗，考現学，消費社会	サ　文化・表象・宗教
7	私たちはメディアをどう使う？	情報化，社会的性格	シ　メディア・情報・コミュニケーション
8	性を意識するのはどんなとき？	ジェンダー，性別役割分業，セクシュアリティ	ウ　ジェンダーとセクシュアリティ
9	エスニシティは身近にある？	グローバリゼーション，エスニシティ，民族関係	コ　グローバリゼーションとエスニシティ
10	格差がなくならないのはなぜ？	不平等，学歴社会，階級・階層	ク　階層・階級・社会的不平等
11	社会問題はいかにして起こるのか？	社会問題，ラベリング，社会的コントロール	キ　逸脱行動，社会病理あるいは社会問題
12	社会運動って特別なもの？	NPO／NGO，ネットワーク，新しい社会運動	ス　社会運動，NPO・NGOなど社会変革・改革の動き
13	自然環境といかに向き合うか？	科学技術，リスク	オ　人間と自然環境との関係や科学技術の影響
14	政治は政治家だけのものではない？	選挙，民主主義，政治的社会化	セ　国家・政治・権力と政策提言

はじめに

具体的な問いの内容	問いへのアプローチ	グループワークの方法
他者のまなざしが何を生むか	論文のクリティカル・リーディング	グループディスカッション
なぜ1990年代以降,「配偶者による殺人」と「子による殺人」は減らないのか	公式統計の分析	グループディスカッション
国による福祉や教育の充実度の違いは,何によって決まっているのか	公式統計の分析	グループディスカッション
いろいろな価値観はどのように折りあいをつけられるか	アクションリサーチ	ロールプレイ
なぜ,プレ氷河期の若者たちは正社員になることを嫌がったのか	歌詞の分析	グループ作業
「かわいい(文化)」っていったいなんだろう	考現学的調査	グループディスカッション
人びとはどのようにソーシャルメディアを利用しているのか	公式統計・ソーシャルメディアの分析	グループ作業
女性ファッション誌は女性のどんな生き方を描いているか	雑誌(表紙)の分析	グループディスカッション
外国人は日本人とどのような関係を結んでいるか	新聞の分析	グループディスカッション
次世代の教育に対する親としての構えが,社会的地位によってどれくらい異なるか	個別訪問面接法の回答分析(アンケート調査)	グループディスカッション
過剰債務はどのように深刻化するのか	インタビュー調査	グループディスカッション
ボランティアやNPOがどのように展開するか	ライフヒストリー調査	グループディスカッション
自然環境を守るためのプロジェクトをめぐって,なぜ賛否がわかれるのか	参与観察ほか	KJ法
なぜ生活者が政治に主体的な関心をもてないのか	投票率の分析	グループディスカッション

第Ⅰ部 日常生活を問う

基礎ゼミ　社会学

第1章
自分と他人の関係ってどんなもの？
―― アイデンティティ、他者、まなざし

奥村　隆

1 自己、他者、まなざし

問いを発見する

|「私」＝もっとも大切で、もっともやっかいなもの|

　私は「私」である。なんてあたりまえなことだろう。でもある年ごろから、このあたりまえなことについて、多くの人は悩みはじめる。「私」ってなんだろう。「私」ってなんて面倒でやっかいなものだろうって。筆者自身もそうだ。これを「社会学」によって考えつづけてきたし、50代半ばの今でもあいかわらず悩んでいる。

　「私」とは一方で、世の中でいちばん身近で、いちばん大切なものだろう。いつも「私」は私のそばにいる（さっそくちょっと変な表現だけど）。「私」はほかの何よりも価値がある。「私」を大切にすることで、私は強く生きていかれる。

　でも「私」とはとてもやっかいなものでもある。今、「私」はいつも私のそばにいる、といったが、つまり私はいつも「私」から逃れられない、私は「私であること」から自由になれない。「私」って嫌なものだと思っても、いつも私についてまわる。

　たとえば「自尊心」とか「プライド」とかいうものを考えてみよう。これはじつに大切なものだ。何か大きな失敗をしたり（勉強とか仕事とか）、失恋したり友人と別れたりして、私の価値がわからなくなりそうになっても、私たちはそれを支えに生きていられる。でも逆に、傷つきかけた「自尊心」を守るためにやれることをやらなかったり、やらないでいいことをやってしまったりもするだろう。「プライド」に振り回されてしまう、というのは誰もがしばしば経

験することだ。

存在証明のゲーム　社会学者の石川准は『アイデンティティ・ゲーム』の冒頭で、「存在証明」という言葉を使ってこう論じている。「人は存在証明に躍起になる動物だ。……「自分は価値ある特別な人間なんだ！」ということを証明することに人は没頭するあまり、じつにいろいろな悲喜劇が演じられてしまう」。われわれは「望ましいアイデンティティを獲得し、望ましくないアイデンティティを返上しようと日夜あらゆる方法を駆使する」。存在証明に「膨大な時間とエネルギーを使う」、いや「存在証明のために人生の大半を消費すると言う方が正しい」。そうかもしれない。みなさんはどうだろうか。

では、自分が価値ある存在だと証明するために私たちは何をしているのか。石川は４つの「存在証明のゲーム」をあげる。第１に、印象操作。望ましくないと評価される負の**アイデンティティ**を隠し、価値ある自分を装う。つまりマイナスを隠し、プラスを見せかける。

第２に、名誉挽回。価値あるアイデンティティ項目を獲得することで、価値がないとされた自分を返上しようとする。たとえば失敗した後、私たちは過剰に努力する。

第３に、開き直りあるいは解放。マイナスとされてきた自分の価値をプラスに反転させることで自分の価値を取り戻そうとする。あの大学に入れなかったけど、今の大学のほうがずっといい、なぜなら──、とそれまでと別の基準を採用する（イソップ寓話の「酸っぱい葡萄」）。

第４に、価値の奪い取りあるいは差別。人から価値を奪うことによって自分の価値を証明する。自分より下の人がいる（あからさまに表明することも心のなかだけのこともあるが）、だから私はだいじょうぶと言い聞かせる。

みなさんはこの４つのゲームをしているだろうか。筆者自身はどれもしている。いつもこの４つを使いわけて生きているように思う。おそらくほぼすべての人がこうしているのではないかと思う。「自己」とはこうやって自分の価値を守る強さ、したたかさ、賢さと、存在証明に振り回されてしまう不自由さ、醜さ、愚かさをたいがい両方あわせもっている。

I 日常生活を問う

　一方で大切な価値があり、他方でとても面倒な問題である。大好きであり、同時に大嫌い。このポジ・ネガ両面をもつことを「アンビヴァレンス」（両義性、両価性）と呼んでみよう。「自己」はこんなふうにとてもアンビヴァレントなものだ。

ワーク1

あなた自身の「存在証明」について書き出してみよう
　あなたの「私」とはどんなものだろうか。「私は〇〇です」という文の、〇〇にあてはまることを、10個以上思いつくままに書き出してみよう。

2　「まなざしの地獄」を読む

問いにしたことを調べる

「他者」からの承認　　【ワーク1】ではどんな存在証明があがっただろうか。考えてみれば、「価値あるアイデンティティ」とか「マイナスとされる自分」といった評価は、**他者**がいてはじめて成り立つものだ。「私は〇〇です！」と自己紹介する項目の1つひとつは自分だけでは何の意味もなく、他者にとって意味がある（と自分が思う）から価値を帯びるのではないだろうか。

　イギリスの精神医学者R. D. レインは『自己と他者』でアイデンティティを「自分が何者であるかを、自己に語って聞かせるストーリー」と定義したうえで、こう述べている。「すべての人間存在は、子供であれ大人であれ、意味、すなわち、他人の世界のなかでの場所を必要としているように思われる」。「少なくとも一人の他者の世界のなかで、場所を占めたいというのは、普遍的な人間的欲求であるように思われる」。他者の世界のなかで場所を占めるから、自分に意味が感じられる。「私は〇〇です！」といって、ほかの誰かに承認される、「うんそうだね」とうなずかれる。それがないと「〇〇」はとても不確かだが、誰かひとりでも認めてくれたらはるかに確かなものになる。

　ここでは「他者」からもたらされる重要なものをテーマにしたい。「まなざし」、つまり他者に私が「見られる」ことである。おそらく「他者のまなざし」

もまたアンビヴァレントなものだろう。「他者の世界のなかの場所」を獲得するのに、「見られる」ことはきっととても重要だ。誰からも無視される＝「見られない」と、存在証明は簡単に傷つく。だが「他者に見られる」ことが嫌で、「他者のまなざし」から自由になりたい！と願う人も多いだろう。そこで本章では、《他者のまなざしが何を生むか》について、考えていくことにしよう。

N・Nという殺人者

やや重い題材であるが、1973年に見田宗介が発表した「まなざしの地獄」という論文をとりあげたい。これは、1965年に集団就職で青森から上京し、1968年10月から4件の射殺事件を起こして1969年4月に逮捕されたある若者（永山則夫）について論じたものだ。1950年代から1970年代前半の日本の高度経済成長期に、発展していく都会に働き口を求めて地方から多くの若者たちが出て行った。そのなかのひとりである永山は、なぜ殺人者となったのか。

『まなざしの地獄──尽きなく生きることの社会学』
見田宗介
河出書房新社

1937年生まれの見田宗介は、新聞の身の上相談や流行歌をデータとして人びとの意識の変遷を分析したり、「時間」や「自己」といった自明の感覚が他の社会と比較したときあたりまえでないことを解明したりした、鋭敏な感受性をもった戦後日本を代表する社会学者だ。見田は論文で永山をN・Nと表記する。というのも、この論文は永山が獄中で書いた手記『無知の涙』など彼の生活史の記録をもとにしているが、見田は永山その人に犯罪の原因を求めるのではなく、彼がそこで生きた「現代日本の都市」がどのような「まなざし」を彼に投げかけたかを問題にするからである。

N・Nはどのような「他者のまなざし」を受けていたのだろう。それは彼の「存在証明」にどのような影響を与えたのだろう。ここからは、「まなざしの地獄」を読んできた学生たちの「ゼミ」（「はじめに」を参照）を再現するようなかたちで、自己、他者、まなざしをめぐるさまざまな考え方をみていきたい。論文は3つのパートからなる。以下は、この架空ゼミで学生が分担して発表した要約である。それぞれどんなことが書かれているか、順に読んでみよう。

I　日常生活を問う

要約1

「1　風と影跡——空白のアイデンティティ」では、母に連れられて北海道から青森に移住して少年時代を過ごしたN・Nの、家郷への嫌悪と上京への憧れが描かれる。青森・板柳町に移った当初、N・Nは住んでいた部屋と隣の一杯飲み屋のあいだのベニヤ板に穴をあけ、毎夜「覗き見」をしたという。彼は自分の生活とは異なる〈別の世界〉を覗き穴を通してまなざし（彼が「まなざし」の主体だった）、夢見ていたのだ。

しかし「自己解放の夢」を抱えて都市に出て行ったN・Nは、「一個の自由としての飛翔をとりもちのようにからめとり限界づける他者たちのまなざしの罠」に出会う（彼は見られる客体になる）。大阪の米屋で働いていたとき、戸籍謄本によって出生地が網走番外地であることがわかり、それをからかわれたとして（店側はそれを憶えていない）、店を「ぷいっと」やめてしまう。出生地のことを口にした「都市の他者」は、N・Nがそこから自由になりたい過去をもちだして彼が何者かを判断し、「彼の存在の総体をあらかじめピンどめにしてしまう」。彼は都市の一員になりたい。だが都市のまなざしは彼の故郷を否定的に評価し、彼は家郷からも都市からも締め出される。

こうしてN・Nは3年間に7回も転職する。しかし、これは当時の青少年では珍しくないことで、1967年の中卒の就職者のうち52％が3年以内に転職している。そして、離職率は休日が週1日未満の仕事で高く、これ以上だと低くなる、と見田は指摘する。

要約2

「2　精神の鯨——階級の実存構造」で、見田は東京都が都内に流入した青少年を対象に1963年に行ったアンケート調査から、「東京で就職して不満足な点」の回答を紹介している。一方に、「友人がいなくて淋しい」（男10.9％、女9.9％）、「異性の友だちが得られない」（男8.7％、女5.2％）という不満があるが、それよりも多いのが「自由時間が少ない」（男19.3％、女24.9％）、「落ちつける室がない」（男20.3％、女36.6％）という不満だった。自由時間と落ちつける部屋。ここには、誰かとの関係をもつことに憧れる「関係憧憬」と、反対にひとりであることを求める「関係からの自由への憧憬、孤独への憧憬」があるといえるだろう。

N・Nは「都市の他者たちのまなざしの囚人」となっていく。「戸籍」や「顔面のキズ」といった「過去」は、それ自体というよりも、それに向ける他者たちのまなざしによって本人の「現在」と「未来」を呪縛する。都市の他者たちは、服装や容姿や持ち物などの「具象的な表相性」と、出生、学歴、肩書などの「抽象的な表相性」に視線を向け、これが人間の存在を形作ってしまう。N・Nが「自由な主体性として、〈尽きなく存在し〉ようとするかぎり、この他者たちのまなざしこそ地獄であった」。

こうしたまなざしを受けたN・Nはどうするか。彼は「おしゃれと肩書き」、つまり高

1 自分と他人の関係ってどんなもの？

級品好みと進学への意欲によって「自己存在の離脱への投企」を試みる。彼の持ち物には、新しいシャツ、ヘヤードライヤー、輸入タバコ、高校教科書、大学生としての名刺があり、これが彼が勝負する「表相」だった。だが、無造作におしゃれな格好をする金持ちの息子より、パリッとした背広にネクタイをしめるN・Nのほうが「貧乏くさい」。「貧困」と「階級」とは物質的なものというより、このような「存在の飢え」を意味すると見田はいう。

要約3

「3　原罪の鎖——現代社会と人間」は、この「まなざしの地獄」のなかで若者たちがどのように生きていくかを描く。そこにはふたつの陥穽＝落とし穴がある。ひとつは「〈演技〉の陥穽」、他者の視線を操作しようとして表相性の演技をすることで、都市の「まなざし」が期待する役割へと自己を同化させていくという落とし穴である。この落とし穴について、見田は「N・Nの話ではない。われわれのことだ」と記している。

もうひとつは「〈怒り〉の陥穽」である。「まなざしの地獄」のなかで他人に見られる自分と自分が思っている自分の間に隙間が生まれるが、このとき「いらだたしい無念」、「憂鬱」、さらには「〈他者たち〉への一般化された憎悪・怨恨・怒り」が生まれると見田はいう。そしてこれが制御できないとき、〈怒り〉によって自らの存在を獲得しようとする「悪による存在証明」を求めることになる。N・Nは『無知の涙』に、「事件があるが故に私がある」という言葉を残している。

このような怒りから、N・Nは犯行に及ぶ。しかし、彼が殺害したのはガードマンと運転手たちと夜警員であり、彼と同じ社会の弱者だった。結局、〈怒り〉は自分が置かれた状況から外に出て認識することを不可能にしてしまい、否定的な状況のなかにN・Nを閉じ込めてしまう落とし穴として作用したのではないか。見田はこう述べている。私たちは誰もN・Nを晒うことはできない。「およそ〈怒りの陥穽〉は、〈怒らないことの陥穽〉の裏に他ならず、当の怒らない人びとの無関心こそがたくさんのN・Nたちを、絶望的な孤独のうちにそこに追い込んでしまうものだから」。

ワーク2

「まなざしの地獄」のよかった点、よくなかった点をあげてみよう

この要約を読んで（できれば「まなざしの地獄」そのものを読んで）、あなたはどんな点がおもしろい、発見があると思い、どんな点がつまらない、疑問があると思っただろうか。1968年のN・Nの事件の説明としてでも、自分自身や現代にあてはまるかどうかでもいいから、この本への○（評価）と×（批判）の両方のコメントを書き出してみよう。

I 日常生活を問う

3 「まなざし」は何を生むか

調べたことを考察する

批判的に本を読む

　大学のゼミで文献を読むのは、高校までの教科書のようにそれが正しいからその内容を覚えるためにではない。どんな本や論文でも、何かを見えるようにすると必ず何かを見えなくさせる（全部見えるようにしようとすると、だいたい平凡なものになる）。だから、「ここはおもしろい！」「ここは違うと思う！」とはっきり意見を言うべきだ。そうすることで、自らの立場や意見を知ることができる。

　そして、何を○とし、何を×とするかは、人によって大きく異なる。ゼミでこうした意見を言いあうと、こんなにものの見方が違うのかと驚くことも多い。他者がどんな考え方をするか、それを実際に知って、自分と異なる考えに開かれた態度を身につける、というのがゼミのおもしろさであり、ゼミで学ぶ最大のもののひとつである。

　ここからは、「まなざしの地獄」を読んで、これを評価する○の立場と、批判する×の立場から意見を出しあう架空ゼミを、第2章から実践していくグループワークの一例として示してみよう。あなた自身の意見と重なるものがあるか、探しながら読んでほしい。

グループワーク実践例　前編

○の立場からの意見

Aさん：私は「殺人犯」というと遠い存在で異常な人だと思っていたのですが、この文章は「まなざし」を投げかけられるという私たちと同じ存在として扱っていて驚きました。犯罪の原因を「個人」じゃなくて「社会」に求めていたと思うのですが、これまで「個人が悪い」と思っていたのでとても説得力がありました。

　それと、この論文はひとりの生活史を扱っていて、どこまで代表性があるかに疑問をもつのですが、「平均値」ではなく「極限値」を扱うことで見えるものがあるという説明があって、なるほど、と思いました。いくら「平均値」を見ても「まなざし」の作用は明確に見えてきませんが、極端な例から

くっきり見えることがあるんですね。
Bくん：青少年の不満とかの統計データとN・Nの事例の記録が両方出てきて往復しますよね。多くにあてはまる「一般性」と事例の「固有性」の両方を見ることで説得力が増していると思いました。
Cさん：私も「まなざし」が存在証明にどれだけ重要かわかった気がしました。石川准さんの4つの「存在証明のゲーム」のどれがあてはまるかなと考えてたんですけど、全部あてはまると思う。とくに「悪による存在証明」っていわれて、そうだと思いました。

×の立場からの意見
Dさん：あのー、私はこの文章が嫌いで（○チームざわつく）、統計は統計、生活史は生活史ってわけたほうが科学的だと思います。一つの事例でどれだけのことが語れるかという疑問があります。いちばん気になる点は、たしかに「まなざしの地獄」は存在したかもしれないけど、その地獄を経験した人がみんな殺人を犯すわけではないわけですよね。殺人を犯すごく少数の人とそうでない人をわける境目があって、それが大事だと……。
Cさん：え、でも、それが「〈怒り〉の陥穽」なんじゃないの？
Dさん：いや怒る人がみんな罪を犯すってわけじゃないでしょ。それに、「都市のまなざし→怒り→悪による存在証明→連続殺人」という説明は、本人の責任を問うていないように思います。これを殺された人の家族とかが読んだらどう思うだろう。それが気になる。
Cさん：そうなんだけど、やっぱりN・Nがさらされた「まなざし」は強烈だったんじゃないかなあ。私も地方出身だからわかる気がするけど、都市のまなざしってそうだよ。
Eくん：ぼくは、現代の日本でこの説明があてはまるのかなという疑問をもちました。今、こんな強烈な「まなざし」が存在しているのかって。むしろSNSで「いいね！」がほしいみたいなことを考えると、むしろ「まなざし」を求めているんじゃないかと思います。

I　日常生活を問う

「まなざし」のアンビヴァレンス

Eくん：さっきから「他者のアンビヴァレンス」ということを考えていて、思い出した本があります。これも少し重たい話になるのですが、社会学者の土井隆義さんが書いた『友だち地獄』に、ふたりの自殺した少女の話が出てきます。ひとりは1969年に列車に飛び込んだ高野悦子さん、もうひとりは1999年に精神病の薬を大量に飲んだ南条あやさん。それぞれ日記（南条さんはネット日記）が文庫本になってるけど、高野さんはまわりから求められる役割を演じるのが苦しい、人間関係は重苦しい鎖のようなものだと感じて、そこから解放されて自律的な存在でありたいと思っていた。いつも他者に「見られているかもしれない不安」を抱えていて、「見られないこと」を求めた。N・Nに似ていると思います。

　でも30年後の南条さんは、友だちと行動しててもうわべだけ、嫌われないように繊細に舵取りしても息苦しくて、誰かにほんとうにかまってほしいと焦っていた。高野さんが「自律したい私」だったとしたら、南条さんは「承認されたい私」で、「見られていないかもしれない不安」を抱えていたのだと思います。南条さんみたいな「まなざし」の感じ方は今の私たちに近いと思うんですが、これがこの論文には欠けているんじゃないかと……。

Bくん：でもそれは、青少年の不満の統計データのところで「関係憧憬」と「関係からの自由への憧憬」というふたつの憧れを描いていて、筆者はどちらにも注目しているんじゃない？

Eくん：ああそうか。でもこの論文はなんだか「関係からの自由への憧憬」のほう、つまり「見られているかもしれない不安」に関心がかたよってるんじゃないかな。今もそれはあるかもしれないけど、「見られていないかもしれない不安」のほうが強いと思う。

まなざしの不在の地獄

ここまでのディスカッションはどうだっただろうか。3つほどコメントをしておこう。

　まず、筆者の見田宗介は、21世紀の日本社会とN・Nの時代との違いを論じてもいる。彼は、2008年6月に元自動車工場派遣社員がトラックで歩行者

5人をはね、ナイフで12人を刺して7人が死亡した秋葉原無差別殺傷事件について、『朝日新聞』のインタビュー（2008年12月31日朝刊）で「まなざしの不在の地獄」という言葉を使ってこう説明する。

「まなざし」がありすぎる、重すぎることが苦しかった時代から、「まなざし」がなさすぎる、軽すぎることが苦しい時代への変化があるのではないか。秋葉原事件をおこした男性は、日常生活で得られない「まなざし」を求めて犯行に及んだのではないか、と。

「羞恥」と「誘惑」

第一に、Eくんのいう「他者のアンビヴァレンス」、あるいは「まなざしのアンビヴァレンス」について、フランスの哲学者J.-P. サルトルの議論に触れておこう。彼は『存在と無』の「まなざし」という節で、ある人が嫉妬か興味か悪癖かによって、鍵穴からある部屋のなかを覗いているという例をあげる（まるで青森でのN・Nのように！）。しかし背後の廊下で物音が聞こえる。彼は自分が覗き見しているのを見られていたかもしれないことに気づく。このとき彼を襲う感情は「羞恥」だ。自分が世界を見る「主体」（世界の中心にいる主人公）だと思っていたが、背後にいた（かもしれない）他者に見られる客体のひとつにすぎなかった。サルトルによれば、これに気づいた「根源的な失墜の感情」が「羞恥」である。

このように、「まなざし」は人を「見られる客体」にし、「羞恥」を引き起こすネガティブな側面をもつ。だが、「見られる客体」になることが幸せなこともある。たとえば誰かを好きになって、つきあってほしいと「誘惑」する場合。このとき私は好きな人に見られないといけない。「好きだ！」と伝えたり、ラブレターを送ったりするとき、私は自分を他者にとっての「客体」にする。他者は私を見てくれるかどうかわからない、返事をくれるかもわからない「自由な主体」だ。でも「自由」だから、見てくれて愛してくれるとすごくうれしい。自分を「冒されるべき危険」として他者のまなざしのもとに置くとき、「愛」の関係ははじまる。「まなざし」はこんなポジティブな側面ももつ。

複数のまなざしの交錯

もうひとつ、見田のこの論文は「まなざし」が生む「嫌悪」や「憂鬱」や「怒り」を描いているが、興味

深いことに、今述べた「羞恥」についてはなぜか触れていない。

　社会学者の作田啓一は、「恥と羞恥」という論文で「罪」と「恥」と「羞恥」を区別している。作田によれば、「罪」は親とか教師とか神とかの権威者、自分がなるべき規準を設定する存在や近づきたい集団のまなざしの前で、規準から逸脱しているとき感じる。これに対して「恥」は、所属する集団の仲間のまなざしの前で劣っていると思うときに感じるものだ。だが「羞恥」はこのどちらとも違って、所属する集団のまなざしとなりたい存在・近づきたい集団のまなざしとがずれていて、ふたつの視線が交錯するときに生まれるという。

　たとえば、お金持ちの学生が貧しい学生たちのなかで「羞恥」を感じる（地域では富裕なのはいいけど、学生のなかだと恥ずかしい）。モデルや患者のように「普遍的な存在」として扱われるべきところで、恋愛対象のような「個別的な存在」として扱われると恥ずかしい（その逆も）。つまり、矛盾するまなざしが投げかけられるとき居心地が悪い気持ちになる。たとえば、家族と街を歩いていたら大学の友だちに出くわしたときのような「羞恥」は都市でよく感じられることだが、ここから、「複数のまなざしの交錯」への想像力という「まなざし」をめぐる別の論点を浮かび上がらせることもできるだろう。

ワーク3

「他者のまなざし」について書き出してみよう

　あなたのアイデンティティにとってもっとも重要な「まなざし」は、誰のどのようなまなざしか。それをあなたはどう感じているか。具体的な状況をとりあげて書いてみよう。

4　「ふつうの人」はどこにいるか

考察したことを理論化して深める

別の視点から考察を深める　【ワーク3】では、あなたにとってのどのような「まなざし」が描き出されただろうか。あなた自身を「N・N」と同じ地点に置くことによって、あなたの「自己」を作りあげている（ふだんは気づかないような）さまざまな他者からの「まなざし」の存在を理解

できたかもしれない。どんな他者があなたにとって重要な他者だっただろうか。それはあなたに何を生み出してきただろうか。

　しかし、さらに考察を深めてみよう。「N・N」をめぐるまなざしについて、まだ考えられていないこと、別の視点から考えられることはないだろうか。最後の節では、ふたたび架空ゼミでの意見に戻って、「自己、他者、まなざし」について、これまでとは異なった視点から議論を深めていきたい。前節のコメントを聞いたあとの、学生の発言をみてみよう。

グループワーク実践例　後編

「ふつうの人」への想像力

Fさん：先生、私は断然この論文には「×」です。今の先生の言葉を使うと、「ふつうの人への想像力」に欠けていると思うからです。

　最初のほうに大阪の米屋さんが出てきますね。戸籍のことでからかわれて、N・Nが「ぷいっと」やめてしまったという話。N・Nは「まなざしの地獄」と感じたかもしれませんが、米屋さんは悪意などなく、なぜやめたのかわからないのだと思います。私はこの論文はN・Nの側への想像力はすごいけれど、それをまなざす「都市の他者たち」への想像力が足りないと思う。米屋さんを含め、みんなごくふつうにN・Nを見ただけじゃないかとも思うんです。それを「まなざし」でピンどめにしたとか、「〈怒り〉の陥穽」に進ませたとかいわれても、私は、問題はそう受け取るN・Nのほうじゃないかと感じてしまう。

　それに、N・Nだけが見られてるんじゃないんです。米屋さんはN・Nに見られているし、まわりの「ふつうの人」たちにも見られている。「ふつうの人」もみんな「他者のまなざし」のなかに生きている。いろんなまなざしにさらされながら、嫌われないように注意して、承認を求めながら生きてると思うんです。そのことへの想像力に欠けている。

Bくん：でも、「ふつうの人」たちがもやもやしながら怒らないから、N・Nみたいな社会的弱者が疎外されて、苦しむ結果になるんじゃないのかなあ。

Ⅰ　日常生活を問う

沈黙の螺旋と同調圧力

Aさん：Fさんの意見で見方がひっくり返ったような感じがします。今の話を聞きながら、ドイツの社会心理学者E.ノエル＝ノイマンの「沈黙の螺旋理論」を思い出しました。

　ノエル＝ノイマンは「世論」の研究をしていて、多数派と思われる人は発言しやすく、少数派と思われる人は発言しにくい、だから一方で多数派の意見はさらに大きくなる螺旋が、逆に少数派はどんどん沈黙していく螺旋が生まれると論じています。なぜかというと、みんな孤立を恐れている。もやもやした現実に怒って何か発言したとして、それが少数派の意見で孤立したり嫌われたり、面倒なこというなと思われたりする可能性がある。みんなそれが怖いから沈黙する。同調圧力は大気の圧力のように広がっていく。

Bくん：ぼくもその同調圧力が気持ち悪い。それこそ「空気を読む」ということですよね。怒らない人たちのもやもやした空気が、N・Nのような人を居場所がないようにしてしまう。

Fさん：その気持ち悪さは私もすごくわかる。でも、N・Nは「〈尽きなく存在し〉よう」として「まなざしの地獄」を経験したと書かれていますが、どれだけの人が「尽きなく生きる」ことができるのかと思います。いいほうでも悪いほうでも「極限値」になることはとても怖いことで、今はみんな「平均値」の範囲になんとかとどまろうと必死なんじゃないかと思う。

Aさん：ノエル＝ノイマンは、孤立の恐怖を感じない人が「世論」を変えることができる、とも述べています。異端者とか前衛とかアウトサイダーとか呼ばれる、孤立を恐れず、沈黙せず声をあげる人たちです。そういう人たちはたしかにいるし、「尽きなく生きる」ことをしているかもしれません。でもそうやって存在証明を獲得するって、やはり難しいことですね。

「あたりまえ」からの自由

　このディスカッションでは、じつにさまざまな意見が出た。現実のある側面を強調すると、別の側面が見えなくなる。たとえば、「見られているかもしれない不安」ではなく「見られていないかもしれない不安」が広がっているのではないか。「まなざしの地獄」

によって怒る人を焦点に置いたとき、まなざす側の「ふつうの人」が置かれている状況が見えなくなるのではないか。

　もしここで「正しい答え」を見つけようとすると、きっと立ち往生してしまうだろう。何か答えを見つけると、それではこれがわからない！と、つねに新しい「問い」が見つかるのだから。「もうわかった！」と思っているところに、じつは「まだわからない！」と問いを開いていく。「社会学」はそうした問いを開きつづける道具なのだ。

　「あたりまえ」は、そうした問いを「もうわかっている！」と閉ざそうとする力をもつ。「まだわからない！」という声をときに柔らかく、ときに厳しく封殺しようとする。そのとき「あたりまえ」はどんどん見えなくなっていく。言葉にできなくなり、考えられなくなり、変えられなくなる。それに対して「まだわからない！」と問いを立てる力をもつことは（ときに正しい答えを見つけることよりも）、「あたりまえ」からの自由を確保する支えになる。

　この章は「私は私である」というごくあたりまえのことに問いを立てた。「自己」も「他者」も、その間の関係も、とてもアンビヴァレントなものだ。それを「もうわかった！」に閉ざさないようにしよう。「まだわからない！」をいつも発見できるとき、私たちは、自分の頭で考えて、自分自身と、他人との関係を変えうる、自由な存在でいつづけられる。

　そしてこれはもちろん「自己、他者、まなざし」というテーマにかぎらない。さまざまなテーマを自分で考え、多くの人たちと異なる意見を交わしあうとき、私たちは「あたりまえ」から自由でいる可能性を開いておけるだろう。次の章からの13回の「基礎ゼミ」も、その実際の例として、ぜひ楽しんでいってほしい。

ホームワーク

「存在証明とまなざし」について自分の経験を踏まえてレポートする
　今回の文献とゼミのディスカッションを踏まえて、「存在証明とまなざし」というレポートを書いてみよう。自分がやっていることでも、他人がやっていることでも、ネット上やマスコミや小説のなかで起きていることでも、なんでも自由に書いてほしい。

I　日常生活を問う

> キーワード

アイデンティティ
　E. エリクソンは「自分が同じであること（sameness）」と「時間の流れのなかで連続していること（continuity）」を自分で直接知覚することと、このふたつを他者が認めているという事実を知覚することによって「パーソナル・アイデンティティ」が生じるという。つまり、アイデンティティは他者によってはじめて安定するものである。この感覚は生涯にわたって確かさと揺らぎを往復し、それぞれの年代固有の危機と課題を経験する（エリクソン 2011）。

他者
　本章に登場した見田宗介によれば、他者とは一方で「歓びと感動の源泉」であり、他方で「不幸と制約の源泉」である「原的な両義性」をもつ（見田 2006）。また、作田啓一は、間違いを正して社会的役割に縛りつけようとする「監視する他者」と、自分が存在していいと感じさせ成長を促す「育成する他者」がいる、という（作田 1993）。他者のもつ両義性は私たちを苦しめ、私たちを豊かにもする。

まなざし
　目の前の人とまなざしを向けあうことと、見えない誰かにまなざしを向けられることはまったく異なる。囚人のいる部屋を明るくし、監視人を暗闇に配置して、いつ見られているかわからない空間編成にすることで、囚人自身が他者のまなざしを折り返すように自分を観察し自己統御するようになる。M. フーコーは、この「パノプティコン」の仕組みが近代的自己を生む原型ではないかと考えた（フーコー 1977）。

> ブックガイド

土井隆義『友だち地獄──「空気を読む」世代のサバイバル』ちくま新書、2008 年
　他者を傷つけないように／自己が傷つかないようにコミュニケーションしている現代の若者たちを描いた本。まず私たちが今行っているコミュニケーションを見つめ直すことから始めてみよう。私たちは「空気を読む」ことをしているだろうか。どんなとき、何が窮屈だろう。誰とどうかかわっていると楽だろう。

奥村隆『反コミュニケーション』弘文堂、2013 年
　「私はコミュニケーションが嫌いだ」と述べる筆者が、ルソーからベイトソンまでコミュニケーションについて考えた論者と対話した架空訪問記。自己や他者についての想像力がちょっとはときほぐされるかもしれない。

フロム、E.『自由からの逃走』日高六郎訳、創元社、1951 年
　ドイツのナチズムを支えた社会的性格（⇨第7章キーワード）を解明した名著だが、現代のアイデンティティを考えるためのヒントにあふれている。「〜からの自由」という重荷から逃避するのではなく、「〜への自由」を獲得するにはどうすればよいのだろうか。

第1章　ワークシート

1．あなた自身の「存在証明」について書き出してみよう

あなたの「私」とはどんなものだろうか。「私は○○です」という文の、○○にあてはまることを、10個以上思いつくままに書き出してみよう。

私は＿＿＿＿＿＿＿＿です。　私は＿＿＿＿＿＿＿＿です。　私は＿＿＿＿＿＿＿＿です。

私は＿＿＿＿＿＿＿＿です。　私は＿＿＿＿＿＿＿＿です。　私は＿＿＿＿＿＿＿＿です。

私は＿＿＿＿＿＿＿＿です。　私は＿＿＿＿＿＿＿＿です。　私は＿＿＿＿＿＿＿＿です。

私は＿＿＿＿＿＿＿＿です。　私は＿＿＿＿＿＿＿＿です。　私は＿＿＿＿＿＿＿＿です。

2．「まなざしの地獄」のよかった点、よくなかった点をあげてみよう

この要約を読んで（できれば「まなざしの地獄」そのものを読んで）、あなたはどんな点がおもしろい、発見があると思い、どんな点がつまらない、疑問があると思っただろうか。1968年のN・Nの事件の説明としてでも、自分自身や現代にあてはまるかどうかでもいいから、この本への○（評価）と×（批判）の両方のコメントを書き出してみよう。

○：＿＿＿＿＿＿＿＿＿＿＿＿＿＿＿＿＿＿＿＿＿＿＿＿＿＿＿＿＿＿＿＿＿＿＿＿＿＿

×：＿＿＿＿＿＿＿＿＿＿＿＿＿＿＿＿＿＿＿＿＿＿＿＿＿＿＿＿＿＿＿＿＿＿＿＿＿＿

3．「他者のまなざし」について書き出してみよう

あなたのアイデンティティにとってもっとも重要な「まなざし」は、誰のどのようなまなざしか。それをあなたはどう感じているか。具体的な状況をとりあげて書いてみよう。

誰のどのようなまなざしを：＿＿＿＿＿＿＿＿＿＿＿＿＿＿＿＿＿＿＿＿＿＿＿＿＿＿＿

どう感じているか：＿＿＿＿＿＿＿＿＿＿＿＿＿＿＿＿＿＿＿＿＿＿＿＿＿＿＿＿＿＿＿

＿＿＿

基礎ゼミ　社会学

第2章
家族ってどんな社会？
―― 親密性、第一次集団／第二次集団、ライフコース

柴田　悠

1 「家族」ってどんな社会？

問いを発見する

「家族」ってなんだろう？

「家族」ってなんだろう。家族は、なんらかのまとまりがある集団なのだから、ひとつの「社会」だ。では家族はどんな社会なのか。まずはあなた自身の家族について考えてみよう。

ワーク1

あなたの家族はどんな社会？
あなたにとって、今のあなたの家族はどんな社会だろうか。幸せな社会だろうか。それとも、しがらみに塗れた苦しい社会だろうか。また、そう思う理由はなんだろうか。

家族に満足しているか

どんな答えになっただろうか。「私の家族はいろいろあるけど、結局は幸せな社会だ」。そう答えた人も多いかもしれない。まずは「家族に満足しているかどうか」のデータを見てみよう。

2013年の全国アンケート調査によれば、「家庭に、どちらかというと満足している（満足＋やや満足）」と答えた人は88％だった。つまり、ほとんどの人が家庭に満足している。しかもその割合は、1973年（80％）と比べるとやや増え

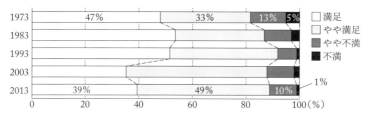

図2-1　日本住民の「家庭」への満足感（1973〜2013年）

(注)「あなたは、「家庭」について満足していますか，それとも，不満がありますか？」という質問で各選択肢を選んだ割合（％）。データは「日本人の国民性調査」（対象は層別多段サンプリングで抽出した全国20歳以上の男女個人。2008年までは日本国籍を有する者のみ）(中村ほか 2015：39)による。なお，「その他」という回答や無回答もあるため，各年での合計は100％にはなっていない。

ている（図2-1）。

「家族は幸せ」。それが現代日本人の「常識」なのだろう。でも、「常識」がいつも正しいとは限らない。「常識」を疑ってみて、さまざまなデータ（事例や統計）から「社会の現実」を明らかにしていくのが、社会学だ。そして、そのように「現実」を知ってはじめて、「現実への対処のしかた」も見えてくる。

そこで本章では、「家族は幸せ」という常識を疑ってみよう。たとえば図2-1によれば、「9割」の人にとっては、家族は満足のいく幸せなものなのだろう。でも、残りの「1割」の人にとってはそうではない。「家庭に不満がある」という人は10人に1人だ。それもまた「家族の現実」だし、私たちはそれを直視しなくてはいけない。

不幸の原因のひとつは「家族」

図2-2のグラフを見てほしい。少しショッキングなデータかもしれないが、これもまた「家族の現実」の一側面だ。

図2-2は、「日本で、その年に殺されてしまった人が、人口10万人あたりで何人いたか」（殺人被害率）を表したものだ。被害者の「人数」（被害数）をあげることもできるが、それよりも「人口に占める割合」（被害率）のほうが、「実際に被害に遭う確率」を表していてリアリティがあるので、被害率をあげている。

さらにこのグラフでは、被害率を、「加害者と被害者の関係性」で区別して

I　日常生活を問う

図 2-2　殺人被害率（加害者の属性別）

（注）人口10万人あたりの殺人検挙件数。殺人検挙件数のデータは法務省『平成27年版　犯罪白書』（法務省 2015b）による（もとのデータは「被害者の属性別」だが，ここでは「加害者の属性別」に変換している）。人口のデータは総務省統計局「人口推計」（総務省統計局 2015）における各年の総人口。

いる。たとえば、「（被害者の）知人による殺人」は、1980年代後半からどんどん減ってきている。またよく見ると、「他人による殺人」も少しずつだが減ってきている。

　そもそも「殺人」や「暴力」といった行為は、先進国では途上国よりも少ない傾向にある。生活が豊かになると、暴力に訴えざるをえないほどに追いつめられる人が減るのかもしれない。日本でも経済発展とともに「知人・他人による殺人」が減ったのは、当然といえそうだ。

　しかし不思議なことに、減っていない殺人もある。それは「（被害者の）家族による殺人」と「親族による殺人」だ。「家族による殺人」は、1980年代では減ったが、1990年代以降はほとんど減っていない。「親族による殺人」も同様だ。

　その結果として2004年からは、もっとも多い殺人は「家族による殺人」となっている。2014年に殺された人を100％とすると、「家族によって殺された人」が45％で最多。「知人によって殺された人」は37％、「他人によって殺された人」は14％、「親族によって殺された人」は3％だった。つまり、日本で起こる殺人の「ほぼ半数」は、家族内での殺人なのだ。

2 公式統計から家族の「現実」を調べる

問いにしたことを調べる

「家族による殺人」はなぜ減らないのか

「殺人」という行為は、「取り返しのつかない、もっとも不幸な行為」のひとつといえるだろう。すると、「日本で生じている不幸」の原因のひとつは、「家族」にあるといえる。それが、「家族の現実」の一側面なのだ。

ではなぜ、「家族による殺人」はなかなか減らないのか。そこで、「家族による殺人」をより詳しく調べたデータを見てみよう。

図2-3は、家族による殺人被害率を、「誰による殺人なのか」の内訳別で示したグラフだ。2014年時点でいちばん多いのは「(被害者の)配偶者による殺人」だ(配偶者というのは結婚相手、つまり、夫や妻のことだ)。次に、「子による殺人」「親による殺人」「兄弟・姉妹による殺人」などとつづく。

1990年代以降、「親による殺人」は少し減っている。しかし、「配偶者による殺人」と「子による殺人」は減っておらず、むしろ2005年までは増えていた(その他の殺人はもともと少ない)。ということは、1990年代以降「家族による殺人」が減っていないのは、「配偶者による殺人」と「子による殺人」が減っていないからだといえる。では《なぜ1990年代以降、「配偶者による殺人」と「子による殺人」は減らないのか》。これを本章の問いとして考えよう。

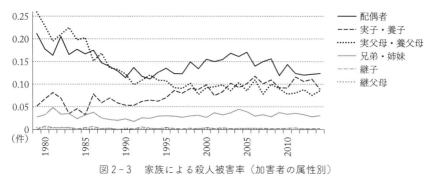

図2-3　家族による殺人被害率（加害者の属性別）

(注) 人口10万人あたりの殺人検挙件数。殺人検挙件数のデータは法務省『平成27年版　犯罪白書』(法務省2015b) による (もとのデータは「被害者の属性別」だが、ここでは「加害者の属性別」に変換している)。人口のデータは総務省統計局「人口推計」(総務省統計局 2015) における各年の総人口。

夫婦関係が悪化したから？

どんな原因が考えられるだろうか。「結婚相手を年収などの条件で選ぶ「婚活」が増えて、夫婦関係がギスギスしたものになったから」？　「少年が狂暴になって、少年が親を殺す事件が増えたから」？　なかにはそういうケースもあるかもしれない。しかし、ほんとうにそれらが主な原因だろうか。

まず、「夫婦関係がギスギスしてきた」という説を考えてみよう。

夫婦関係の変化を長期的にとらえたデータはなかなかないが、「配偶者に満足しているかどうか」のデータなら、2003〜2015年の全国アンケート調査のデータがある。それによると、有配偶者のなかで「配偶者に満足」と答えた人は、2003年は65％、その後は65〜67％、2015年は67％だった（大阪商業大学JGSS研究センター　2016）。つまりほとんど変化がなく、「夫婦関係が悪化した」とはいえなそうだ。

少年が狂暴になったから？

次に、「少年が狂暴になった」という説を考えてみよう。

「10〜19歳男女に占める殺人加害者の割合」を見ると、戦後のピークは1951年（10万人あたり2.6人）で、それ以降は大幅に減り、1990年には0.4人になった。それからは、バブル崩壊による景気悪化を受けて、1998年に第2のピーク（0.8人）があったが、その後また減って、2014年には0.4人に戻った（総務省統計局　2015、法務省　2015a）。つまり、1990年代から少年による殺人が増えたとはいえない。

よく「少年犯罪が増えた」と言う人がいる。しかし、少年による殺人・強盗・放火・強姦といった凶悪犯罪は1950〜60年代をピークに減ったし、窃盗なども含めた刑法犯全体で見ても1981年をピークに減った（数でも人口比率でも）（法務省　2015a）。

高齢化と支援不足がもたらした「介護殺人」

ここで、ある新聞記事を見てみよう。これは、2000〜2009年の「介護殺人」のデータを紹介した記事だ。

2 家族ってどんな社会？

新聞記事

　介護保険制度が始まった2000年から2009年10月までに、全国で高齢者介護をめぐる家族や親族間での殺人、心中など被介護者が死に至る事件が少なくとも400件に上ることが、中日新聞の調べで明らかになった。加害者の4分の3が男性で、夫や息子が1人で介護を背負い込み行き詰まるケースが多い。件数は増加傾向にあり、2006年からは年間50件以上のペースで発生している。

　過去10年の新聞報道をもとに調査。被害者が……65歳以上の……「致死」事件を拾い上げた。判明した400件のうち……加害者の続柄は、夫と息子がいずれも33％。……男性が4分の3を占めた。一方、被害者は妻が34％、母が33％。……女性が7割以上を占めた。加害者の年代は50代が25％と最多。60代22％、70代23％、80代13％となっており、60代以上の老老介護が6割を占める。加害者の職業は、無職の割合が息子で62％。20代から50代に絞っても、61％とほぼ同じで、働き盛りの男性が介護のため職に就けず、経済的にも追い詰められていく構図が浮き彫りになった。

（「介護殺人、心中400件　制度10年やまぬ悲劇」『中日新聞』2009年11月20日朝刊より抜粋）

　これによれば、2000年代に「被害者が65歳以上の致死事件」が増えた。そしてそのなかでは、「50〜70代の男性が、妻や母の介護をしているので、職に就けず、慣れない家事も強いられ、経済的・肉体的・精神的に追いつめられて、妻や母を殺してしまう」というパターンがいちばん多いという。

　新聞記事ではなく政府の統計ではどうなっているだろうか。厚生労働省は2006年度から毎年、「被介護者が65歳以上で、介護している親族による虐待等により死亡に至った事例」の被害者数を発表している（図2-4）。

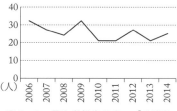

図2-4　厚生労働省発表の「介護殺人」被害者数（2006〜2014年度）

（注）「被介護者が65歳以上で，介護している親族による虐待等により死亡に至った事例」（市区町村把握）の被害者数（厚生労働省2016）。

ワーク2

政府の統計では、介護殺人の被害者数はどのくらいか

　図2-4によると、2006〜2009年の介護殺人の被害者数はどのくらいだろうか。具体的な数字をあげてみよう。さらに、その数字と、新聞記事で書かれた被害者数の数字を、比較してみよう。

I　日常生活を問う

3 「現実」の背景を考える

調べたことを考察する

二次資料分析と公式統計　前節までに、たくさんの資料を提示してきた。そこで以下では、「二次資料分析」について少し考えてみよう。「二次資料」とは、すでに別の人によって集められた既存のデータや資料のことだ（逆に、自分自身で集めた新しいデータや資料は「一次資料」という）。そして、この二次資料を分析することを「二次資料分析」という。

二次資料は、公式統計と、その他の統計データとにわかれる。公式統計は、政府や自治体、または各国政府の加盟する国際機関（国際連合や経済協力開発機構、世界銀行など）といった公的機関が集めた統計データのことだ。統計データを探す際には、まずは公式統計を探してみるとよい。公式統計の多くは、政府が行った大規模な調査のデータだ。政府が行う調査では、研究者や民間団体が行う調査よりも、大きな費用を使うことができる。そのため、全国から、よりバランスよく、より多くの人びとに回答を依頼することができる。さらに、調査主体が政府なので、より信頼されやすく、人びとはより協力しやすい。そのため回答率が高く、回答者のかたよりが小さい。つまり、より良質なデータである場合が多いのだ。

二次資料は、インターネットで検索したり、本や論文で探したりすることで得られる。そのなかでも公式統計は、インターネット検索サイト（Googleなど）で探すこともできるし、政府や国際機関の公式サイトで得ることもできる。たとえば、日本の公式統計は「政府統計の総合窓口 e-Stat」（https://www.e-stat.go.jp）で、経済協力開発機構（OECD）に加盟する先進諸国の公式統計は「OECD.Stat」（http://stats.oecd.org）で、国連加盟諸国の公式統計は世界銀行の「World Development Indicators」（http://databank.worldbank.org）で、検索・入手することができる。

介護殺人の推移　先ほどの【ワーク2】について、簡潔に説明できただろうか。図2-4によれば、2006〜2009年の介護殺人の被害者数は25〜30人前後で推移していた。しかし、新聞記事の調査によ

れば、2006〜2009年に毎年50人以上が被害に遭っていたという。

なぜ数が2倍も違うのか。それは、図2-4の厚生労働省の調査では、市区町村が把握している虐待殺人のみがカウントされているので、市区町村が「虐待」と認めていなかった場合はカウントされないからだ。たとえば、2011年に認知症の妻（81歳）を夫が殺害した横浜市の事件は、横浜市が「虐待に当たらない」としてカウントしていなかった（ASTRA医療福祉研究グループ 2012）。じつは公式統計には、データのとり方によってこのような限界もありうるのだ。

そこで、公式統計以外の二次資料として、新聞記事の調査と同様に、「新聞で報じられた介護殺人の件数」を調べたデータを見てみよう（図2-5）。ここでは「60歳以上の被介護者が死亡に至った事件」が計上されている。これを見ると、2006年以降、若干の低下傾向はあるが、1990年代と比べるとやはり高い件数（45件前後）で推移している。

この1998〜2015年の介護殺人716件の内訳を見ると、「配偶者による殺害」は47％、「子による親の殺害」は46％で、もっとも多いのは「夫が妻を殺害」34％、次いで「息子が親を殺害」33％、「妻が夫を殺害」13％、「娘が親を殺害」11％だった。被害者は女性が74％、加害者は男性が72％。加害者の年齢は50〜70代が68％。ここでもやはり、「50〜70代の男性が妻や母の介護をし、肉体的・精神的に追いつめられて妻や母を殺してしまう」というパターンが浮かび上がる。しかも、なんらかの介護保険サービスを利用していた事例は17

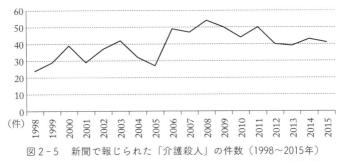

図2-5　新聞で報じられた「介護殺人」の件数（1998〜2015年）

（注）「60歳以上の被介護者が家族・親族に殺されたり、死亡させられたりした事件」の件数（湯原 2016）。日経テレコンを用い、日本全国を網羅する新聞として全国紙・ブロック紙計30紙を対象に、「殺人」と「介護」、「傷害致死」と「介護」、「心中」と「介護」、「保護責任者遺棄」と「介護」をキーワード指定し、条件に該当する事件を抽出。心中の場合はメモや遺書、当日に友人に電話をした内容などにおいて、介護が関係する動機が確認できたものに限定。

％にすぎなかったという（湯原 2016）。

配偶者・子による殺人は、なぜ減らないのか　こうして、1990年代以降「配偶者・子による殺人」が減っていない原因のひとつとして、「介護殺人」という現実が浮かび上がってきた。そして「介護殺人」の背景には、①「1990年代から急速に人口高齢化が進んだ」ことと、②「行政による介護サービスや家族介護支援がまだまだ不足している」ことが考えられるだろう。これら2つの背景が、家族に介護の極度な負担をもたらし、かなりの数の「配偶者・子による介護殺人」を引き起こしているといえそうだ。

なお、全国の在宅介護者245人へのアンケート調査によれば、「介護によって精神的・肉体的に限界を感じたことがある」は73％、「介護中に被介護者に暴力をふるった経験がある」は22％、「介護している家族を殺してしまいたいと思ったり、一緒に死のうと考えたりしたことがある」は20％だった。「どんなときに殺人・心中を考えたか」との質問に、77％は「介護に疲れ果てたとき」と答えた（「〈在宅介護〉「限界」7割　家族の負担浮き彫り」『毎日新聞』2016年4月4日朝刊）。家族介護の辛い現実を思い知らされるデータだ。

ワーク3

ほんとうに幸せな家族を作るには？

　家族の「現実」を知ってはじめて、「ほんとうに幸せな家族の作り方」が見えてくる。では、「介護殺人」というひとつの現実を踏まえると、「幸せな家族の作り方」はどのように考えられるだろうか。

グループワーク

「いいね！」と思ったアイデアは？

　グループを作って、【ワーク3】で書いたことを発表しあおう。その後で、「自分は思いつかなかったけど、聞いていて「いいね！」と思えたアイデア」を話しあおう。その際、「特にここがよかった」「こうすればさらによくなる」などと具体的に意見を述べよう。

4 「幸せな家族」を作るには？
考察したことを理論化して深める

いろいろな集団

【ワーク3】と【グループワーク】ではどんなアイデアが出ただろうか。

「家族のことを思いやる」というアイデアも出たかもしれない。もちろん「思いやる」ことは必要だろう。でもそれだけでは不十分かもしれない。なぜなら、「介護殺人」のデータで見たように、「家族を思いやっているからこそ、家族の介護をひとりで抱えてしまって、経済的・肉体的・精神的に追いつめられて、介護の相手を殺してしまう」という事件が多発しているからだ。つまり、「思いやり」だけでは「幸せな家族」を作れないかもしれないのだ。

そこで、アイデアを深めるために、社会学の理論を参考にしてみよう。

家族・結婚・親族・恋愛・友人関係は、どれも「親しい人たち」の関係性なので、まとめて「**親密性**」と呼ぶことができる。また、「親密性」に、「知人」（友人ほど親しくはないけど、互いに面識のある人たち）を加えた場合の集団を、社会学では「**第一次集団**」という。

さらに第一次集団と区別して、「全員との面識はないけれど、同じ集団に所属していると認識している人たち」（例：ひとつの大企業、ひとつの国の国民たち）を、社会学では「**第二次集団**」という。

これらの集団のなかでは、かなり継続的な援助行動が行われることがある。たとえば家族や友人を助けるのは、「親密性」での援助行動だ。また、有償サービスや無償ボランティアは、（家族や友人ではなく）知人を対象としているので、「親密性以外の第一次集団」での援助行動だ。さらに、「所得のある人たちの納めた税金や社会保険料が、とりわけ生活上で困っている人たちへのサービスや現金給付に使われる」という社会保障は、「第二次集団」での援助行動だ。

幸せな家族の作り方とは？

さて、「幸せな家族を作る」には、いろんな援助が必要だ。ある人が要介護（介護が必要な状態）になった場合、その人の家族だけでその人を介護するのは、たいへんだ。だからこそ、家族が要介護の人を殺してしまうという不幸がたくさん起こっている。

したがって、その人の家族が「幸せ」であるためには、その人の介護を、家族に限らず、いろんな集団（第一次集団や第二次集団）が担う必要がある。つまり、家族・親族・友人・無償ボランティア・民間スタッフ・公的スタッフなどのいろいろな人たちが、それぞれ無理なく（またもちろん介護を受ける本人にとっても無理なく）、介護を担うことができれば、それが「幸せな家族の作り方」の一例となるだろう。

そして「介護」という問題だけでなく、「子育て」や「教育」など、家族に負担が集中しやすいいろいろな問題についても、これと同じことがいえる（第3章参照）。つまり、「介護殺人」「児童虐待」「親から子への貧困連鎖」などの不幸が家族で起こらないためには、介護・子育て・教育などの負担を、家族に限らずいろいろな集団が担う必要があるのだ。簡単にいえば、「家族メンバーに生じた問題（介護・育児・教育など）を、家族のなかだけで抱え込まずに、できるだけまわり（公的支援・無償ボランティア・民間サービス・友人・親族など）に頼ろう。それが家族のためになるんだから！」ということだ。これが、「思いやり」に加えて、もうひとつ大事な「幸せな家族の作り方」なのではないだろうか。

新しいタイプの家族

最後に、「（従来の意味での）家族を作らない」、つまり「結婚しない」という選択肢について考えよう。

近年では、未婚率が上がっていて、2016年現在、男性の約4人に1人、女性の約7人に1人が50歳時点で未婚だ。さらに2030年になると、男性の約3人に1人、女性の約4人に1人が50歳時点で未婚となる見込みだ（厚生労働省 2012）。それとともに、「結婚しない」という**ライフコース**（人生の道筋）を選びつつ、新しいタイプの「家族」を作る人たちが増えている（第8章参照）。

まず、「結婚せずに、独身の人たちと一緒に住む」というライフコースがある。それは、主に「シェア・ハウジング」（各人の個室がありつつキッチン・風呂・トイレ・リビングなどを共有）という住まい方として、近年増えている。

また、「結婚せずに、夫婦や親子といったさまざまな人たちと一緒に住む」というライフコースもある。それは、主に「コレクティブ・ハウジング」（各世帯での個室・キッチン・風呂・トイレ・リビングがありつつ、さらに共有のキッチン・リ

ビングなどがある）という住まい方として、少しずつ増えている。

　そしてどちらの場合も、途中で誰かと結婚をしたり、子ども（実子・養子）をもったりすることもありうる。また、結婚するとしても、「異性と事実婚をする」「同性と事実婚をする」などのライフコースもありうる（事実婚は、婚姻届を出していないが実質的に夫婦としての生活を送っている状態。一部の法律で法律婚と同様の扱いを受けられる）。

　このように、どのような家族を作り、どのような人生を歩むのかは、いろいろな道がある。あなたは、どんな人生を歩んでいきたいだろうか。

> **ホームワーク**
>
> あなたが将来、幸せな家族を作るには？
> 　本章で学んだ「集団の分類」や「新しい家族」といった見方を参考にしながら、あなた自身にとっての「幸せな家族の作り方」を、もう一度、広い視野から考えてみよう。

I　日常生活を問う

> キーワード

親密性
　「第一次集団」のうち、「他の知人にはあまり知られていない情報」を互いに共有しあっている人びとの関係性のこと。「知人のなかでその情報を知る人の割合」が小さければ小さいほど、より親密な関係となる。原語は英語の intimacy であり、そこには「性的関係」という要素も含まれることが多いが、社会学の親密性には必ずしも性的関係の要素は含まれない。親密性の対義語は「匿名性」（anonymity）である。

第一次集団／第二次集団
　アメリカの社会学者 C. H. クーリーは、対面で互いに認識しあって相互行為を蓄積している（面識がある）人びとを「第一次集団」と呼び、社会性が形成される場として重視した。また「第二次集団」は、その後の研究者たちが、社会集団を分類するために作った概念であり、第一次集団との対比で、「全員との面識はないが、利害を共有する同じ集団の成員だと認識している人びと」のことを指す。

ライフコース
　個人が生まれてから死ぬまでの間にたどる、人生の道筋のこと。人は一生のうちに、入学、就職、転勤、結婚、出産など、さまざまな出来事（ライフイベント）を経験する。過去にどのようなライフイベントを経験し、そのときどのような選択をしたか、そしてそれによってどのように自分の役割が変わったか、それらの積み重ねによって、ライフコースは分類される。

> ブックガイド

落合恵美子『21世紀家族へ――家族の戦後体制の見かた・超えかた　第3版』有斐閣、2004年
　家族の歴史から、「夫は仕事、妻は家事」という家族が、多産多死から少産少死に移行した「近代」に出現したことを示す。またその近代家族は、出生率が人口維持水準を下回ったことで問い直されており、かわりに新しい家族（共働き、事実婚など）の実践がはじまっていると指摘。

牟田和恵編『家族を超える社会学――新たな生の基盤を求めて』新曜社、2009年
　「子連れ再婚」「シェア・ハウジング」「同性婚」など、先進諸国で広まる新しい家族の実践を紹介し、共同生活がうまくいく条件を探る。そして、「ケアの権利を政府が保障する」「ゆるやかにルールを話しあって守る」などの条件が見出される。

ギデンズ、A.『親密性の変容――近代社会におけるセクシュアリティ、愛情、エロティシズム』松尾精文・松川昭子訳、而立書房、1995年
　親密性の時代変化を考察。コミュニケーション技術が発達すると、「コミュニケーションが規範を生み、規範がコミュニケーションを制約する」というサイクルが高速化し、コミュニケーションが問い直されやすくなる。すると、親密性はつねに問い直されるようになり、流動性が高まる（離婚の増加など）。

第2章　ワークシート

1．あなたの家族はどんな社会？

あなたにとって、今のあなたの家族はどんな社会だろうか。幸せな社会だろうか。それとも、しがらみに塗れた苦しい社会だろうか。また、そう思う理由はなんだろうか。

どんな社会か：＿＿＿＿＿＿＿＿＿＿＿＿＿＿＿＿＿＿＿＿＿＿＿＿＿＿＿＿＿＿＿＿＿＿

そう思う理由：＿＿＿＿＿＿＿＿＿＿＿＿＿＿＿＿＿＿＿＿＿＿＿＿＿＿＿＿＿＿＿＿＿＿

＿＿

2．政府の統計では、介護殺人の被害者数はどのくらいか

図2-4によると、2006〜2009年の介護殺人の被害者数はどのくらいだろうか。具体的な数字をあげてみよう。さらに、その数字と、新聞記事で書かれた被害者数の数字を、比較してみよう。

図2-4の被害者数：＿＿＿＿＿＿＿＿＿＿＿＿＿＿＿＿＿＿＿＿＿＿＿＿＿＿＿＿＿＿

新聞記事で書かれた被害者数との比較：＿＿＿＿＿＿＿＿＿＿＿＿＿＿＿＿＿＿＿＿＿＿

＿＿

3．ほんとうに幸せな家族を作るには？

家族の「現実」を知ってはじめて、「ほんとうに幸せな家族の作り方」が見えてくる。では、「介護殺人」というひとつの現実を踏まえると、「幸せな家族の作り方」はどのように考えられるだろうか。

＿＿

＿＿

＿＿

＿＿

基礎ゼミ　社会学

第 **3** 章

福祉や教育はどうやって決まる？
── 福祉国家、大きな政府、社会規範

三谷はるよ

1 国によって違う福祉や教育

問いを発見する

あなたを支えて
きた福祉・教育

あなたは、この世に生まれるときから今この瞬間に至るまで、どのような福祉や教育を受けてきただろうか。ほんのしばらくこの本を置いて、これまでのあなたの人生を振り返ってほしい。お腹に胎児であるあなたを宿したお母さんの姿、赤ちゃんだった自分の姿、小学生、中学生、高校生と成長し、大学生になった自分の姿──その記憶のイメージのなかにはきっと、あなたの家族や友だちの姿だけでなく、母子手帳や病院、保育所、学校などが映っているだろう。

あなたが今、不自由なく毎日を過ごせているとしたら、それはあなたの住む国が、安心して毎日を送ることのできる福祉や教育をあなたに与えてくれているからだろう。

しかし、世のなかには、日本よりもさらに充実した福祉や教育を受けることのできる国があるらしい。

ある国の福祉サービス

次のページにある2枚の写真を見てほしい。

左の写真は、ある国の赤ちゃんがいる家庭の様子を写したものである。大人たちが椅子に座って会話しているが、そのうちの1人は保健師である。生後間もない赤ちゃんの様子を見に、訪問しているところだ。

この国では、赤ちゃんが生まれるとすぐ、専属の保健師がつく。出産の知ら

ある国の家庭・学校での様子（写真左はスズキ（2010：58），右は野村（2010：194））

せを受けた保健師は、1週間以内に赤ちゃんの母親と連絡をとる。生後1か月の間は毎週母子をたずねて、赤ちゃんの体重や栄養状態をチェックし、母親に食事のアドバイスなどを行う。こうした家庭訪問は、赤ちゃん1人あたり、平均12回にも及ぶ（スズキ 2010）。

　この国では、こうしたサービスが無料で行われるだけでなく、妊婦健診も胎児検査も無料で受けられる。もちろん、乳児の定期健康診断や予防注射のお金もかからない。そもそも、この国では医療費は無料なのだ。

ある国の教育スタイル　今度は、右の写真を見てほしい。これは、先ほどと同じ国における国民学校（小中一貫制の公立学校）での授業の様子を写したものである。小学生ぐらいの子どもたちが丸テーブルを囲み、それを2人の教師が見守っている。

　この国の学校では、日本のように生徒が黒板に向かって座るかたちではなく、グループ学習がしやすいように机を寄せあって座る。授業は、生徒たちがお互いに話しあい、教えあう相互学習のスタイルをとる。教師はクラスに2名つくのがふつうだ。授業は1人ひとりの能力にあわせて進められ、試験もなければ通知簿もない。

　おまけにこの国では、義務教育である国民学校はもちろんのこと、その後の普通高校、専門学校、そして大学も、すべて無料で通える。さらに、0歳から17歳まで国から児童手当が支給される。18歳で自立するこの国では、大学生は学費がいらないだけでなく、就学支援金（生活費）まで支給されるという徹

I 日常生活を問う

底ぶりだ。

> **ワーク1**
>
> 「国による福祉や教育の違い」について、問いを立てよう
> 　第1節で取り上げた国と比べて、日本ではどういう福祉や教育が受けられるか、自分のこれまでの人生を振り返って考えてみよう。そのうえで、あなたなら国による福祉や教育の違いのなかでどのような違いに注目するだろう。

2 公式統計から支出額の違いを調べる

問いにしたことを調べる

この国はどこ?

　前節を読んで、この国がどこか知りたくなったのではないだろうか。この国は、デンマークである。北欧にある、人口560万人あまりの小国だ。子育て、医療、教育、さらに失業給付、年金、介護に至るまで、人生のあらゆるステージにおいて手厚く生活を保障するこの国は、福祉国家の代表例といわれる。また、幸福感を調べる国際的な調査において、上位国の常連であるデンマークは、しばしば「世界でもっとも幸福な国」ともいわれる。この国では、人びとは安心して学校に通い、子どもを産み育て、働き、老いることができるゆえに、幸せを感じる人が多いのだろう。

　一方、日本はどうだろうか。たとえば、今のあなた（大学生）の場合で考えよう。あなたが大学生活を終えるまで、驚くべきことに1,000万円を超えるお金がかかる。幼稚園から大学まですべて公立の場合で、約1,000万円である。すべて私立だった場合は、その倍以上の約2,300万円にのぼる（文部科学省2010）。また、あなたがケガや病気で病院に行けば治療費を払うだろう。多くの場合、3割分を負担することになり、デンマークのように医療費がタダということはない。

　このように比べるだけでも、デンマークと日本における福祉や教育の違いを実感するのではないか。

　【ワーク1】には、具体的な国の例を示すことで、日本とは福祉や教育に大

きな違いがあることに気づいてほしいというねらいがあった。福祉や教育が充実している国もあれば、そうでない国もある。そこで今回は、《国による福祉や教育の充実度の違いは、何によって決まっているのか》という問いについて、一緒に考えてみたい。

　　社会保障・教育支　　問いについて考えていく前にまずは、「国による福
　　出を比較しよう　　　祉や教育の充実度の違い」そのものを、正確につかん
でおくことが必要だ。そこでまずは、各国で福祉や教育にどれだけのお金が使われているかを比較するところから出発しよう。

図3-1は、各国がGDP（国内総生産）に対し、福祉（社会保障）と教育のために支出している割合を比較したグラフである。なおGDPとは、ある国にいる人たちが稼いだお金の総額だ。今回は、OECD（経済協力開発機構）に入っているいわゆる先進諸国のうち、1人あたり実質GDPが上位の20か国を取り上げている。なお1人あたり実質GDPとは、名目GDP（稼いだお金を単純に足したもの）を物価指数で割った実質GDPをさらに全人口で割ったものである。つまり、物価変動や人口規模を調整したGDPを意味する。図3-1では、世界のなかでとくに経済力のある国ぐにが、それぞれの国の経済規模のなかで、福祉や教育にどれだけお金を使っているかを見ることができる。

この図を見ると、はじめに取り上げたデンマークが1位、韓国が最下位と

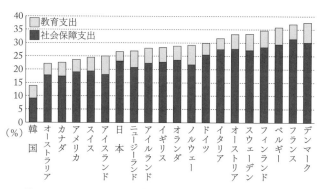

図3-1　OECD 20か国の社会保障・教育支出（対GDP比）

（注）データは2011年。データがあるOECD諸国のうち、1人あたり実質GDPが上位の20か国を比較（OECD (2015a), OECD (2015b) のデータをもとに筆者作成）。

なっている。日本は14位であるから、この20か国のなかでは、福祉や教育への支出がやや少ない国といえる。

ただし、上に取り上げた社会保障支出については、国によってお金の振りわけ方に違いがある。社会保障支出は、「高齢者福祉」「医療」「就労支援」「子育て支援」など9つの分野からなる。そして日本の場合、社会保障支出の半分弱もの割合が「高齢者福祉」なのである（高齢者福祉10.4％÷社会保障支出23.1％＝約45.0％）。この10.4％という数字は、20か国中5位の高さだ。つまり、日本では高齢者福祉にたくさんのお金を使っているために、社会保障・教育支出の全体が引き上げられている。

日本は、高齢者福祉への支出が多い一方で、子どもの福祉や教育への支出が少ない点に特徴がある。社会保障支出のうち「子育て支援支出（児童手当、出産手当、産休給付、保育サービスなど）」と「教育支出」のみに注目し、20か国を比較したグラフが図3-2だ。これを見ると、1位はやはり先ほどと同じくデンマークであり、上位には北欧諸国が並ぶ。そして注目すべき最下位が、日本である。日本は育児や保育、教育に対してかけるお金が少ないことが、子どもの貧困率（2009年で15.7％。同20か国中ワースト3位）の高さにもつながっているといわれている。

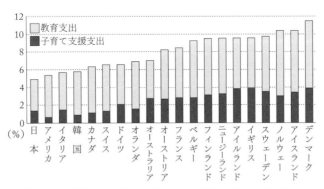

図3-2　OECD 20か国の子育て支援・教育支出（対GDP比）

（注）データは2011年。データがあるOECD諸国のうち、1人あたり実質GDPが上位の20か国を比較（OECD（2015a），OECD（2015b）のデータをもとに筆者作成）。

3 福祉や教育はどうやって決まる？

福祉・教育の違いの原因は経済力？

ではどうして、国によって社会保障・教育支出にこれだけの違いがあるのだろうか。改めて、「国による福祉や教育の充実度の違いは、何によって決まっているのか」という問いに立ち返ろう。この問いを大学生に投げかけると、すぐに返ってくるのが次の2つの説明である。

ひとつ目は、「経済的に豊かな国では、福祉や教育が充実する」というものだ。たしかに、経済的に余裕のない国よりも豊かな国のほうが、国がもっているお金を福祉や教育のために使えると考えるのは自然だろう。

じつはこの説明が成り立つかどうかは、簡単に確かめられる。経済的な豊かさであるGDPと、先ほどの社会保障・教育支出の関係を、グラフを作って確かめればいいのだ。

図3-3は、横軸を「GDP」、縦軸を「社会保障・教育支出」として、20か国をプロット（打点）した散布図である。散布図とは、縦軸と横軸にそれぞれ別の量をとり、あてはまるところにプロットして2つの量に関係があるかどうかを見る図のことである。もし、「一方が大きければもう一方も大きい」という関係があるとしたら、右肩上がりの線のうえに◆が乗るような図になるだろう。また、「一方が大きければもう一方は小さい」という関係ならば、右肩下がりの線のうえに◆が乗るような図になるだろう。さて、どんな関係が読み取れるだろうか。

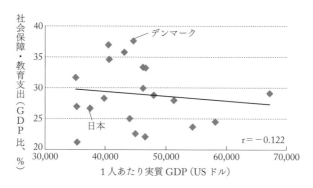

図3-3　GDPと社会保障・教育支出の関係

（注）データは2011年。データがあるOECD諸国のうち、1人あたり実質GDPが上位の20か国を比較（OECD（2015a），OECD（2015b），IMF（2015）のデータをもとに筆者作成）。図中のrは相関係数を表す。

I 日常生活を問う

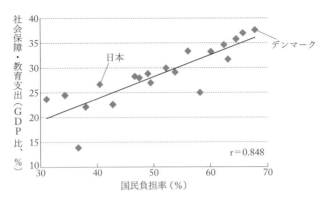

図 3-4 国民負担率と社会保障・教育支出の関係

（注）データは2011年。データがある OECD 諸国のうち、1人あたり実質 GDP が上位の20か国を比較（OECD（2015a），OECD（2015b），財務省（2015）のデータをもとに筆者作成）。

福祉・教育の違いの原因は国民負担？　学生たちがあげるもうひとつの説明は、「国民が税金や保険料を多く納めている国では、福祉や教育が充実する」というものだ。国民負担の違いが、福祉や教育の充実度の違いをもたらすという。この説明についても、散布図を使って確認しよう。

図 3-4 は、横軸を「国民負担率」、縦軸を「社会保障・教育支出」とした散布図である。国民負担率とは、国民が稼いだお金のうち、何％が税金や社会保険料として徴収されているかを示すものだ。こちらの図のほうが、図 3-3 よりもはっきりした傾向が出ているだろう。さて、どんな関係が読み取れるだろうか。

ワーク 2

散布図から 2 つの関係を読み取ろう

図 3-3 から GDP と社会保障・教育支出について、また、図 3-4 から国民負担率と社会保障・教育支出について、どのような関係が読み取れるかを説明してみよう。

3 違いの原因を問う

調べたことを考察する

二次資料分析のススメ　　本章では、「国による福祉や教育の充実度の違いは、何によって決まっているのか」という問いを立てた。この問いについて考えるために、まずは、国による福祉や教育の違いをとらえるための比較グラフ（図3-1・3-2）を確認した。次に、これら国による違いに関係していると予想された経済力や国民負担に注目し、散布図（図3-3・3-4）を確認した。

これらのグラフはいずれも、公式統計をインターネットからダウンロードして、表計算ソフトのエクセルを使って作成したものである。たとえば、社会保障・教育支出は、OECD. Stat（http://stats.oecd.org/）というウェブサイトから得ている（第2章参照）。また、国民負担率は、財務省ホームページ（http://www.mof.go.jp/）から得ている。

社会学の研究プロセスにおいて、今回のように二次資料分析を行うことは研究を進めるうえでとても役に立つ。最初の段階で、注目したい国や地域の現状を公式統計データで確認しておくことはおススメだ。それは、「すでに何がわかっているのか」を把握したうえで、さらに「何がわかりそうか」を探る作業になるからである。つまり、二次資料分析は、問いを追求するみずからの視点や方向性を見定めるための材料になるのだ。

経済力との関係　　【ワーク2】では、2つの散布図からわかることについて考えてもらった。どのような点に気づいただろうか。ここで気づいてほしかったのは、次の2つの点である。

まず、「経済大国が、必ずしも福祉や教育に力を入れるわけではない」という点である。図3-3では、各国を表す◆がバラバラと散りばめられ、はっきりとした傾向は読み取れなかっただろう。つまりこの図からは、「経済的に豊かな国では、教育や福祉が充実する」という傾向があるとはいえない。

GDPが高い国であっても、必ずしも福祉や教育のために多くの支出を割いているわけではないのだ。国によって優先することは異なり、軍事や防衛に力

を入れている国もあれば、科学振興に力を入れている国もある。また、そもそも「十分な教育や福祉を提供するのは国の果たす責任だ」という考え方が強い国とそうでない国がある。経済大国であっても、アメリカなどのように、政府の規模や権限をできる限り小さくしようという「小さな政府」志向の国では、福祉や教育は国によって担われにくい。その国の人びとがどのような政府を望むかによって、福祉や教育の程度も変わってくるのだ。

国民負担との関係　もうひとつの点は、「国民が大きな負担をしている国では、福祉や教育に多くのお金が使われている」という点である。図3-4では、各国を表す◆が、右肩上がりの線のうえに並んでいた。つまり、国民負担率が大きければ、社会保障・教育支出も大きいという関係があるといえる。

なお、国民負担の大きい国の多くが北欧諸国である。実際に国民負担率を比べると、たとえばデンマークが67.8％、日本が40.5％である（財務省 2015）。消費税率は、デンマークが25％、日本が8％（2016年時点）である（国税庁 2016）。この2国を比べるだけでも、国民負担の違いは明らかだ。また、国民負担をめぐる人びとの態度にも違いがあるようだ。北欧諸国では、国民は政府を信頼し、たくさんの税金や保険料をいとわずに納めているといわれる。これに対して日本では、消費税が10％に上がることをめぐって反対運動が起こるなど、高負担になることについて国民から不満の声があがることが多い。

こうなると次に不思議に思えてくるのは、なぜデンマークのような福祉や教育の充実した国の国民はこれだけ「**大きな政府**」を信頼できるのか、また、なぜそうした国では「大きな政府」を作ることができたのか、といった点である。

ある国の福祉や教育は、今の経済力や国民の負担だけによって決まるものではない。今日に至るまで連綿と受け継がれてきた、その国の歴史や文化といったものが、少なからず影響しているだろう。福祉や教育が充実している国では、「大きな政府」に対する国民の信頼があり、税金や保険料を負担するという貢献がある。そして、その期待にこたえようとする国の姿勢がある。こうした福祉・教育を支える**社会規範**を生み出した歴史や文化のなかに、今回の問いへの答えを見つけ出すヒントが隠されているかもしれない。

ワーク3

国による福祉や教育の違いは、何によって決まっているのか

「国による福祉や教育の充実度の違いは、何によって決まっているのか」という問いに対し、本節で取り上げた散布図や議論からわかったことをまとめてみよう。

グループワーク

福祉や教育が手厚い国に共通する歴史や文化とはどのようなものか

グループにわかれて、福祉や教育が手厚い国に共通する歴史や文化とはどのようなものかについて話しあってみよう。デンマークやフランスなどについて、その国に行ったりメディアで見聞きしたりしたことのある人は、日本とどういう点が違うかをあげてほしい。それを踏まえて、「国による福祉や教育の充実度の違いは、何によって決まっているのか」という問いへの仮説をグループで最低1つ出してみよう。

4 福祉や教育を生み出す歴史・文化

考察したことを理論化して深める

宗教との関係

【ワーク3】では、国による福祉や教育の違いは、国民負担の程度によって決まっていることを理解しただろう。この国民負担の程度は、「大きな政府」に対する国民の信頼の程度ともいえる。ではなぜ、「大きな政府」は成り立つことができたのだろうか。それを推理してもらうために、【グループワーク】に取り組んでもらった。あなたのグループでは、どのような仮説を考えただろうか。この節では、福祉国家を生み出す歴史や文化について、社会学でよく知られている仮説を取り上げよう。

まず、「宗教」が福祉国家の成立に影響しているという仮説がある。多くの欧米諸国において、福祉は宗教、とくにキリスト教の仕事だった。教会や修道

院が、貧しい人たちの生活を支えていたのである。ところが16世紀、堕落するカトリック教会に対しM.ルターが宗教改革を起こし、カトリックとプロテスタントは分裂した。これが、歴史の勉強で習ったであろう「宗教改革」である。

　この改革の後、カトリックの国ぐにでは教会が貧しい人たちを救済しつづけた。それに対してプロテスタントの国ぐにでは、解体した教会のかわりに政府が貧しい人たちを救済する仕事を引き受けるようになった。プロテスタントの一派であるルター派では、誰もが救われる普遍的な救貧制度をととのえた。このルター派が広まったのが、デンマークやスウェーデンなどの北欧諸国である。

　一方、プロテスタントの他の一派であるカルヴァン派（改革派）では、救貧制度を受ける人びとに労働を強制する制度を設けた。このカルヴァン派が広まったのが、スイスやイギリス、アメリカなどである。つまり、キリスト教の宗派によって異なる救貧制度の歴史が、現在の国それぞれの福祉国家のあり方を決めているのである（Kahl 2005）。

労働者の政治運動との関係

　上にあげた宗教だけが、福祉国家に影響しているわけではない。福祉国家の成立には、「労働者の政治運動」が影響しているという仮説もある。土地や機械といった生産手段をもつ「資本家」に対し、「労働者」とは生産手段をもたずに資本家によって賃金で雇われる人たちを指す。労働者たちが、みずからを政治勢力としていかに形づくってきたかという歴史によって、福祉国家のあり方が決まっているという考え方がある（エスピン＝アンデルセン 2001）。

　たとえばデンマークやスウェーデンといった北欧諸国では、労働者たちがそのときどきに社会において支配的であった階級（⇨第10章キーワード）とうまく政治的同盟を結んだ。それが結果的に、多くの立場の人びとが恩恵を受けられる福祉国家の成立につながったとされる。

　産業化の初期の時代（19世紀ぐらい）には、人口の多くを農民が占めていた。労働者たちは、この農民たちと手を結び、彼らがもっていた組織力を使って自分たちの要求を政府に訴える運動を展開した。また第2次世界大戦後には、労働者たち（肉体労働をする、いわゆる「ブルーカラー層」）は、農民よりも存在感を

増す新たな労働者たち（頭脳労働をする、いわゆる「ホワイトカラー層」）と政治的な同盟を結び、さらに充実した福祉制度を求めていった。

このように、北欧諸国では労働者たちが当時の社会における多数派の階級と協力し、政府に働きかけることで、普遍的な福祉制度がととのえられてきたといわれる。

日本が福祉国家として発展しなかった理由 以上のように、ヨーロッパでは教会・政府という違いはあるが、いつの時代も社会的なかたちで貧民救済が行われてきた。それに対して近代以前の東アジア諸国には、ヨーロッパ諸国で成立した制度に匹敵するぐらいの規模の、社会的な貧民救済のしくみはなかったとされる。東アジアでは、教会や政府のかわりに私的な親族集団が福祉を供給する大きな役割を果たしていたのである（上村 2015）。

たとえば仏教や儒教の教えが根づく日本では、従来、三世代世帯で暮らす家族が多く、そこでは子どもの世話と高齢者の介護が同時に行われていた。つまり日本では、家族が福祉を供給する大きな役割を果たしていたとされる。

また、家族だけでなく、企業の福利厚生が充実していた点も、政府の役割を縮小させたといわれている。経済が今よりもずっと成長していた時代、とくに終身で雇用されている多くの男性労働者は、企業から医療や年金、住宅など、きわめて包括的な福利厚生を与えられていた。加えて日本では経済成長期に、多くの社会問題が深刻化しなかったという背景もある。他の先進国では取り組まなければならなかった貧困や犯罪などが大きな問題とはならなかったため、日本は福祉国家として発展することが難しかったというのだ（エスピン＝アンデルセン 2001）。

そのほかにも、日本の研究者からは、日本の福祉や教育への支出が少ない理由として、「日本は先進国と比べて高齢化や経済成長が時期的に遅かった」（武川 1999）といった点や、「日本では納税者による政府への信頼が乏しく、納税による受益感も小さい」（中澤 2014）といった点も指摘されている。

このように、「国による福祉や教育の充実度の違いは、何によって決まっているのか」という問いに答えるためには、国それぞれの歴史や文化、社会規範といったものに目を向ける必要がある。唯一の要因があるのではなく、実際に

Ⅰ 日常生活を問う

は複数の要因が絡みあうなかで、それぞれの国の今の福祉や教育が決められているのである。

> **ホームワーク**
>
> **国の歴史や文化がどのようにその国の教育や福祉に影響するか**
> 　国の歴史や文化がどのようにその国の教育や福祉に影響するかについて、第4節で取り上げた仮説に触れながら書いてみよう。

3　福祉や教育はどうやって決まる？

> キーワード

福祉国家
　「福祉国家」とは、すべての国民の福祉に責任をもつ国家のこと。「福祉国家レジーム」とは、福祉が生産され、それが国家、市場、家族の間に配分される総合的なあり方のこと。先進諸国の福祉国家は、福祉国家レジームの違いによって3つのタイプに分類される（エスピン＝アンデルセン 2001）。

大きな政府
　「大きな政府」とは、政府が民間の経済活動に積極的に介入することで、所得格差を是正しようとする考え方である。その逆の「小さな政府」とは、政府の市場への介入を最小限にとどめ、自由な競争によって経済成長を促進させようとする考え方である。

社会規範
　集団や共同体のなかで、そこに属する人びとの行為を方向づけるような価値、態度、慣習、ルールなどのこと。人びとが社会規範を内面化することで、一定の同調した行為がなされ、それによって社会が社会として維持される（第11章参照）。

> ブックガイド

鈴木優美『デンマークの光と影――福祉社会とネオリベラリズム』壱生舎、2010年
　デンマーク在住の著者が、現地における近年の議論や政策動向を取り上げ、福祉国家・デンマークの変容が進む様子を描き出している。新自由主義の浸透という「影」の部分に焦点をあて、賛美されがちなデンマーク社会について、評価を相対化させるような視点を与えてくれる1冊である。

中澤渉『なぜ日本の公教育費は少ないのか――教育の公的役割を問いなおす』勁草書房、2014年
　財政難の日本において、公教育費を増やすにはどうしたらいいのかを、教育社会学者の立場から議論している。国際比較や意識調査、歴史分析といった多様な観点から、日本の教育をめぐる現状を告発し、社会的提言を試みる良書である。

エスピン＝アンデルセン、G.『福祉資本主義の三つの世界――比較福祉国家の理論と動態』岡沢憲芙・宮本太郎監訳、ミネルヴァ書房、2001年
　先進諸国を「脱商品化（働かなくても生活できるかどうか）」や「階層化（社会政策が地位の格差を固定化するかどうか）」といった指標によって、国家中心の「社会民主主義レジーム」（スウェーデン、デンマークなど）、家族中心の「保守主義レジーム」（イタリア、スペインなど）、市場中心の「自由主義レジーム」（アメリカ、カナダなど）の3つに分類している。福祉国家研究における記念碑的な名著である。

第3章 ワークシート

1. 「国による福祉や教育の違い」について、問いを立てよう

第1節で取り上げた国と比べて、日本ではどういう福祉や教育が受けられるか、自分のこれまでの人生を振り返って考えてみよう。そのうえで、あなたなら国による福祉や教育の違いのなかでどのような違いに注目するだろう。

_____

2. 散布図から2つの関係を読み取ろう

図3-3からGDPと社会保障・教育支出について、また、図3-4から国民負担率と社会保障・教育支出について、どのような関係が読み取れるかを説明してみよう。

図3-3：_____

_____

図3-4：_____

_____

3. 国による福祉や教育の違いは、何によって決まっているのか

「国による福祉や教育の充実度の違いは、何によって決まっているのか」という問いに対し、本節で取り上げた散布図や議論からわかったことをまとめてみよう。

_____

_____

_____

_____

基礎ゼミ　社会学

第 **4** 章

地域社会は誰が作る？
── コミュニティ、アクションリサーチ、アーバニズム

笠井賢紀

1 失われゆく地域社会

問いを発見する

「消滅自治体」の衝撃　　あなたが生まれ育ったのはどのような地域だろう。地方と都会のどちらにあてはまるだろう。人口が減少する現代の日本では、地方と都会が対比的に描かれることがある。2013年から「増田レポート」と呼ばれる人口の変化についての報告書が何度か提出されている。そのなかのひとつでは、「今後、消滅する可能性が高い」市町村がたくさんあると指摘された。それをきっかけに「消滅自治体」という言葉がテレビや新聞をにぎわすようになった。さかのぼると、2007年には「限界集落」という言葉が話題になり、そのときすでに地方の自治体や集落は消滅を予期されていた。

「限界集落」にも「消滅可能性都市」にも批判的な意見は少なくない。たとえば、日本の農山村の集落は簡単にはなくならない強い社会である、といったものだ。その一方で、人口が減り貧しくなるだけでなく住民たちが誇りまで失いあきらめてしまうと、強い社会もどんどん弱くなるのではないかとも指摘されている（小田切 2009）。地方の自治体が増田レポートのいうとおり消滅するかどうかはわからないが、「限界」や「消滅」という言葉が繰り返し用いられることで、地方に暮らす住民の誇りや地域への思いがくじけて、限界や消滅を迎える可能性は決して低くはない。

地方と都会の人間関係　地方では、特定の人たちや特定の場所との深い関係が築かれていく。多少不便であったり自分の好みにあわなかったりしても、選択肢が少ないゆえに、しかたなく関係を築いていくこともあるだろう。しかし、そのような関係があることによって困ったときに助けてもらえる場合も多いはずだ。

　都会では、便利さや自分の関心にあっているかどうかが重視され、地域や仲間との関係はおろそかになりがちだ。そして、出かけた先のコンビニやカフェの店員といった、一度きりしか出会わないような人との関係が多く生まれる。一定の収入を得るための仕事があり、仕事を安定してつづけられるための保障があれば、どんなものやサービスでも商品として代金を払うことで手に入れられると思えてしまう。この場合、ほかの人のことを知っていたり、その人とつながっていたりする必要はとくに感じられないかもしれない。

　このように、地方にはコミュニティが残り、都会では失われているというイメージがある。だが、地方でも人口が減るだけではなく、人びとの価値観の変化により、日々の生活を成り立たせてきた助けあいや地域の行事が十分に行われない例も多い。その意味では、都会だけでなく地方からもコミュニティが失われつつあるのかもしれない。

ワーク１

あなたは地方と都会のどちらで暮らしたいか
　もし選べるのであれば、あなたは地方と都会、どちらでの暮らしを望むだろうか。また、その決め手となる理由はなんだろう。

「地域と住民のかかわり方」をめぐって　【ワーク１】では、さまざまな考えにわかれただろう。自然が豊かで、まわりの人と直接的に助けあって生きていける地方がいいという人もいれば、便利で、職の多様性があり、しがらみの少ない都会がいいという人もいるはずだ。

　地方と都会の違いを考えるとき、地方では地域と住民のかかわりが強く、都会では地域と住民のかかわりは薄いというイメージが浮かぶように、「地域と

住民のかかわり方」という観点は、地域を考える際に欠かすことができない要素である。だが、地域と住民のかかわり方にはひとつの正解というものがあるわけではない。

地域と住民のかかわり方をめぐって、ときに住民どうしで考え方があわないこともある。自治会・町内会などの住民組織にどうかかわるべきかという問題がある。参加に積極的な住民のなかにはそれが地域で暮らすうえであたりまえのことであると思う人もいるだろうし、他方で、参加に消極的な住民のなかにはそうした組織にかかわることを負担にしか思えない人もいる。また、実際に地域をよくするための活動をしたりするべきだという考え方もあれば、市役所などの行政に任せて自分たちの好きなように暮らせばいいという考え方もありうる。

ワーク 2

「地域と住民のかかわり方」について、明らかにしたいことはなんだろう

「地域と住民のかかわり方」について住民から意見を聞くというプロジェクトに参加することになったとしよう。住民からの意見を聞くことで、あなたはどのようなことを明らかにしたいだろう。

2 地域社会とのかかわりを調べる

問いにしたことを調べる

いろいろな価値観はどのように折りあうか

【ワーク 2】のねらいは、具体的な問題を想定し、住民たちの語りからどんなことがいえそうかを考えることである。それは、あなた自身が「地域と住民のかかわり方」についてどのような問題関心を抱いているかを考えることでもある。

ここでは、住民の語りから明らかにしたいこととして、《いろいろな価値観はどのように折りあいをつけられるか》という問いを設定してみよう。何が大事かということ、つまり価値観は人によって異なるが、それでも私たちは、多くの場合どうにか折りあいをつけて暮らしているはずだ。その過程を明らかにすることで、折りあいをつけられない場合に少しでもよい状況に調整していく

Ⅰ　日常生活を問う

ためのヒントが得られるかもしれない。

地域と自分とのかかわりについての語り　異なる価値観に折りあいをつけていくためには、まずは自分が暮らす地域にどのような価値観をもつ人びとが暮らしているかを知る必要がある。それぞれの人が、互いの価値観を知ったうえで、全員にとっていちばんよい答えではなくとも、できるだけ多くの人が納得できるような答えを導き出しているのではないだろうか。こうした過程を考察するために、本節では、「地域と自分とのかかわり」について住民に意識して語ってもらった調査（2014年～2016年）の結果を紹介する。

表 4-1　地域 A と地域 B の特徴

	地域 A	地域 B
歴　史	昔から交通の要所として栄え、数百年つづく街道筋の集落。	1970年代に造成がはじまった住宅地。
仕　事	サラリーマンが多い。農業が盛んだった土地であり、兼業で農業をしている家も多い。	ほぼサラリーマン。
年　齢	新しく外部から引っ越してくる人も多く、若者は多いが、自治会活動は高齢者が中心。	引っ越してきた頃は現役世代だった人たちが今は高齢者に。子ども世代は地域外に出る人も多い。
人　口	増えつづけており、市内最大の人口密集地。	過去20年ほどは大きな変化は見られない。
地域活動	自治会活動が盛んで、とくに街道を活かした景観作りではモデル地区に。	自治会などの活動が盛んで、市の先進事例として紹介されることも。
回答者	自治会や地域の祭りの中心を担う高齢者。	新しい住民組織の活動を担う30代から50代と、自治会活動を担ってきた60、70代。

地域 A の活動拠点で、地域について自由に語らう住民と学生たち

地域 B の勉強会で、望ましい地域像について語らう住民と学生たち

4 地域社会は誰が作る?

　まず、表4-1にこれから紹介する2つの地域について整理した。地域Aと地域Bでは特徴が異なるのでよく見ておこう。いずれの地域も都会と地方のどちらにも区別するのが難しいが、より大きな都会へと働きに出ている人が多く住む地域であることは共通している。「地域と住民のかかわり方」について知るために、地域と回答者自身とのかかわりについてたずねた結果、地域Aで住民から得られたのが語り1～6、地域Bで住民から得られたのが語り7～12である。これらを資料として、先に立てた問いについて考えていこう。

地域A（語り1～6）

語り1

この地域に住んでから40年以上経ってもあくまで私は新住民。寄りあいの場でも「あなたはよそから来たから」と言われることもある。それでも、地域で暮らしているのだから、地域に何かしたいと思う。自治会や犯罪者などの社会復帰支援に関する活動もしてきた。

語り2

昔は各戸で小さな茶畑をもっていて、自分の家ではそのお茶を飲んでいた。玄関先で世間話をするようなときにも、各戸で作ったお茶を飲みながら、というのがふつうだった。

語り3

小さい頃は農村だった。そこらの道を農業用の牛が通っていて、牛にひかれて亡くなった人もいた。当時はグリーンピースを近くの工場にもっていくと、ふだん飲むことがなかったジュースをもらえたから、その仕事は喜んで手伝った。

語り4

正月の左義長（さぎちょう）という行事では竹、藤蔓（ふじづる）、藁（わら）が必要になる。以前は、農家には藁、非農家には現金を提供してもらっていたが、今ではほとんどが非農家になったのでやり方が変わった。藁も竹も特定の家に行事用にとっておいてもらっている。藤蔓もどうにか毎年採っているが、隣の集落では金属製のもので代用されている。

語り5

台風で水害にあったとき、60年前の記憶があったから市の指示の前に自分たちで判断して避難できた。避難後には、ふだんは地域活動にあまり参加しない若い世代もたくさん来て泥の掻（か）き出しを手伝ってくれた。

語り6

学生が話を聞いてくれるのは嬉しい。私の昔の話なんて、家族にとっては聞き飽きていることやあたりまえのことばかり。学生は新鮮に思って聞いてくれる。私の人生もよかったのではないかと思える。

I　日常生活を問う

地域 B（語り 7 〜 12）

語り 7
生まれ育った地域が田舎だったから大きな家に住みたくて、比較的安く土地が買えるこの地域はちょうどよかった。故郷は人がかまってくれすぎると思うことはあるけれども、それも嬉しい。ただ、妻と住んだこの家を終の棲家に決めている。

語り 8
自治会が2つに分裂することになった背景にはいろいろあるのだろうけれども、日々の暮らしにも、私にも「大人の事情」は関係ない。道を挟んですぐそこに住んでいる人たちとは、自治会が違っても交流は当然ある。

語り 9
小学校がこの地域にきた頃、20年以上前にスポーツで面倒を見てあげた子たちが、大人になってからも声をかけてくれるのが嬉しい。

語り 10
ボランティアはあたりまえのことだから、みんなで集まって活動としてするのは違うと思う。いちいち自治会とか新しい住民組織でプロジェクトにしなくていい。もっとボランティアがふつうのことになればいい。

語り 11
若い人がエネルギーで引っ張っていってくれれば地域は動くのでは。私たち年寄りはそれを応援したい。学生が地域に入ってきてくれるのも張りが出てよい。

語り 12
無理強いや動員はしないというのは理想的かもしれない。だが、最初のうちはどのような活動をするのかを知ってもらうためにも、一定の強制力を働かせなくてはいけないのではないか。

ワーク3

「地域と住民のかかわり方」にはどのようなものがあるだろうか

　地域A・Bの事例では断片的ではあるものの地域と住民のかかわり方が示されている。表4−1で紹介した各地域の特徴を踏まえながら、2、3個の語りを選んで読み取れることをそれぞれ書いてみよう。

> **グループワーク**
>
> 断片的な複数の語りをひとつの語りに再構築してみよう
>
> 　グループになり、地域A・Bのいずれかを選んだうえで、各自がひとつずつ気になる語りを決める。選ばれた断片的な語りをもとに、グループ全員でひとりの架空の住民Xになったつもりで、その地域についての思いを語ってみよう。語りの再構築にあたっては設定やエピソードを自由に加えてよい。

3 価値観はどのように調整されるか

調べたことを考察する

語りからわかること　【ワーク3】ではどのような発見があっただろうか。地域性の違いが、それぞれの地域で暮らす人の考え方にも影響を与えているようだ。

　地域Aでは、昔ながらのコミュニティのあり方にどれだけ今の暮らしがあっているかがひとつの基準となっている。たとえば、新しい住民が増えている現在も、従来からつづいてきた年中行事はつづけられ、地域で活動する組織の役員を大半が旧来からの住民で占めている。それでも、行事や地域活動への新しい住民の参加は歓迎される。語り1のように、数十年その地域に暮らしていてもあくまで新しい住民だと認識され、語り2、3のように過去の習慣が懐かしいこととして語られ、語り4のように変化しつつある伝統行事は不安なこととして語られる。他方で、語り5のように若い世代が従来のコミュニティのあり方と整合性のある行動を取ると安心する。他方、昔からの価値観に縛られることへの反省もあり、語り6のように外部者の存在も肯定的に受け入れられる。

　地域Bでは、住民が参考にする昔ながらのコミュニティがないため、それにかわって大きく3つの基準がある。ひとつは、移住前の生まれ育ったコミュニティのあり方であり、語り7がこれにあたる。もうひとつは、自分たちで新たに作り上げてきたコミュニティのあり方である。地域としての歴史は短いと

はいえ、すでに30年以上を経ており、1人ひとりの人生にとってはこの地域での生活は重要な一部である。語り8や9がこれにあたる。最後のひとつは、組合やボランティア団体など、地縁だけではなく会社や取り組むテーマで形成されている組織のあり方である。語り10や12がこれにあたる。もちろん、地域Aにおいてもこの3つ目のあり方は個々人が参照する基準として存在するが、「昔ながらのコミュニティ」という大きな基準がある地域Aでは地域Bほどはめだたない。

地域社会における価値観の矛盾

地域社会で価値観は対立・矛盾することも多い。だが、それでも崩壊せずに地域社会として存続している以上、そこには全員が一致する正解はなくともなんらかの妥協点への調整が図られているはずである。その妥協点がどのように調整されるのか、ということが【ワーク2】を受けて筆者が立てた問いであった。実際に住民になったつもりでこれを体験してみるとどうなるか。そんな観点から、前節の【グループワーク】を提示した。

複数の断片的な語りをひとつにまとめるという作業には無理が生じる。とくに矛盾する価値観が含まれていると、その無理があらわになる。それでも、なんとか折りあいをつけてひとりの住民Xを作り上げただろう。先に述べたように地域社会が成立しているとき、そのなかでは矛盾する価値観（生き方）が共存している。もちろん、人とかかわりをもたないで生きることで、価値観の矛盾をできるだけ無視するという方法もある。だが、共同体意識の強い地域社会においては、直接的な関係を保持しつつ、矛盾する価値観にどこかで妥協点を見つけて調整を図ることがめざされる。この場合、調整がうまくいかないといくつかの価値観が否定されることもありうる。

アクションリサーチという方法

地域社会を調査するにあたっては、次の点に注意を払うことが重要である。(1)個人だけではなく地域社会そのものも調査対象になること、(2)個人の価値観の矛盾が地域社会には含まれており、その矛盾の無視や調整または否定・排除によって地域社会が成立していること。

もちろん、調査をすること自体が、矛盾する価値観を調整して折りあいをつけるために役立つ可能性もある。ここでは**アクションリサーチ**という考え方を学ぼう。アクションリサーチは、調査方法というよりは調査をめぐる姿勢や関係性を表す考え方である。本章の事例も、筆者によるアクションリサーチで得られた語りである。ふつう、調査は調査する者（研究者）が調査される者（地域住民）に調査するという一方向の関係で行われる。調査される者は情報提供者（informant）とも呼ばれ、調査の主体ではなく客体として位置づけられる。それに対してアクションリサーチは、調査される者も調査に主体的に関わる。

矢守克也（2010）によれば、アクションリサーチとは、「こんな社会にしたい」という思いを共有する調査する者と調査される者とが一緒に行う社会実践である。アクションリサーチが行われるべき条件は、価値の調整が求められることや調査する者とされる者との固定した関係性に変化が必要なことだという。さらに、ただひとつの「正解」を導くことではなく、「今、そこ」における暫定的な解をともに作り上げる「成解」という作業がめざされている。

【ワーク1】の「あなたは地方と都会のどちらで暮らしたいか」という問いは個人の価値観を問うものだ。だが、この問いに、調査する側と調査される側が一緒になって考えるというアクションリサーチで対応すると、どちらの側も、「私の価値観はこうだ」と思っていたこと自体に揺さぶりがかけられ、他者との対話のなかで新たな価値観が形成される。

事例地域におけるアクションリサーチ　　地域Aで、筆者は学生とともに活動拠点としての民家を借りている。その民家には週1回か2回、学生が数時間滞在する日があり、前月には開放日を記した通信が地域住民に全戸回覧されているため、興味のある地域住民がその民家にやってくる。ただし、そこでイベントが開かれることは少なく、来場者は学生とお茶やお菓子を取りながら語らうだけである。そのなかから得られたものが語り1〜6であった。

ここでは調査する学生たちとの共同実践によって、調査される地域住民が自分自身の人生を一種の物語として語るとともに、他住民との共通点や相違点、そして回を重ねるたびに変わっていく自分の価値観に触れることになる。民家で得られた個別の語りは過去のことがらが多い。それぞれの語りのなかで、地

域での仕事や自然環境と人とのかかわりが豊かに描かれていく。外からの刺激によって、住民がコミュニティのあり方について改めて考える姿も見られた。

地域Bでは、筆者は「まちづくり勉強会」の講師として3年間にわたってかかわりをもってきた。地域活動に熱心な構成員がどのような人生を経て現在の活動に至ったかの調査を行って得られたものが、語り7〜12であった。

この勉強会には老若男女20名前後が毎回参加した。主催組織の役員もいれば、自治会の元役員や、いずれの役員でもない者、さらには近隣地区の住民も参加していた。そうした状況において、地域の課題や、地域でこれまで取り組まれてきた活動について参加者が発言する機会を設けながら勉強会を進めた。勉強会の過程では、地域のとらえ方にさまざまな矛盾が見られたが、勉強会が終わる頃には、散歩をしながら地域の見守り活動を図る「散歩タスキプロジェクト」や、地域の高齢者が集まるサロン運営のプロジェクトなど、特定テーマを掲げた活動がはじまった。

アクションリサーチが生み出したもの

こうした調査の過程で、調査される地域住民の地域社会への愛着が育まれた。愛着が育まれるには、地域社会で過ごす一定の時間と、地域社会と自分とを関連づける物語が必要である。アクションリサーチはその物語を作ることをうながしたのである。

さらに、ほかの人、たとえば学生やほかの地域住民と物語が共有されることで、「この地区は、こういったまちである」という共通の認識が生まれたり、あるいは調整できない矛盾が見つかったりした。参加者に共有できる物語は、まだその物語を共有できていない新しい住民へと広げられる。また、調整できない矛盾は、調整できないからといって対立するのではなく、自治会とは別の新しい住民組織を作る動きや、自分とは異なる価値観をもつ若者にもまずは好きなように動いてもらって見守ってみようという態度を醸成した。

ワーク4

いろいろな価値観はどのように折りあいをつけられるだろうか

【ワーク2】を受けて筆者が立てた問い「いろいろな価値観はどのように折りあいをつけられるか」について、筆者のあげた具体例を踏まえてまとめてみよう。

4 個人の価値観から「成解」したコミュニティ
考察したことを理論化して深める

アーバニズム論の指摘　ここでもう一度、【ワーク1】「あなたは地方と都会のどちらで暮らしたいか」という問いかけに立ち返ってみよう。

　アメリカの都市社会学者 L. ワースは1938年の論文「生活様式としてのアーバニズム」で、家族や地域などとの親密な関係よりも、表面的でその場限りの関係が優勢になっていると指摘した（ワース 2011）。ワースはそのような都市における生活様式を**アーバニズム**と呼び、以後の都市研究を大きく方向づけた。そこで、アーバニズムの概念を踏まえて【ワーク1】の問いを「あなたは、どのような人と人との関係を好みますか」と言い直してもよいだろう。この答えには唯一の正解はなく、まさに個人の価値観によって選ばれるものである。

地域が抱える課題　人口減少時代においては、単に人口が減ることが問題なのではなく、急激な人口変化に社会が対応できないことが問題視されている。つまり、コミュニティを成立させてきた文化や慣習、そして人と人との親密で直接的な関係が保てなくなるのである。今後も地方から都市への人口移動がつづくと、地方は危機的な状況に陥るだろう。さらに、地方の人びとがみずからの地域への誇りや愛着を失うと、地方消滅論が現実味を帯びてくる。地方への移住を望む人は増えてきているものの、すぐにでも移住したいという人は多くない。

　さらには、人口減少とは別に、働き方を含む価値観は数十年前と比べて劇的に多様化した。そうしたなかで、旧来のコミュニティが基準とする従来の価値観は、必ずしも適切な基準にはならず、柔軟な対応が必要となる。

　誇りの空洞化、愛着の喪失、価値観の多様化と地域社会が直面する根本的な問題は多く、万能薬はない。しかし、地域社会の実態や、そこで暮らす人びとの価値観について明らかにしようとする調査によって、地域住民とともにそれらの諸問題と向きあうこともできる。本章で紹介したアクションリサーチは、その調査過程において、誇りや愛着の回復、そして多様な価値観の調整に有用

に働きうることを示してきた。

コミュニティ論
と個人の価値観　コミュニティについて、イギリスの社会人類学者A. P. コーエン（2005）は「一団の人びとが、①何かを共有しており、②他の一団と想定された人びとと一線を画して」おり、「「コミュニティ」は、それゆえ、類似と差異とを同時に表すことばである。つまり、それは、関係性を表す概念であって、ある人びとの他の社会的実体との対立を表している」と述べている。本章の文脈に沿って解釈すれば、ここでコミュニティと呼べる地域社会が共有しているのは、調整または排除を経て暫定的に「成解」された価値観、すなわち生き方や地域のあり方である。地域Bの語り8のなかで自治会の分裂という話が出ているが、生活のレベルでは価値観が共有されているために、「「大人の事情」は関係ない」とされており、2地区を含む地域がすでにコミュニティの要件を満たしつつあることを示唆する。

　個人の価値観の調整という観点からコミュニティを論じてきたが、イギリスの社会学者G. デランティ（2006）も「コミュニティは個人主義の対立物ではない。そのことは、多種類のコミュニティへの参加が、集団的目標や価値を意識的に支えようとする、高度に個人化された自我を必要とするという事実からして明らか」であると述べている。つまり、コミュニティに属するからといって、個人が埋没するのではない。むしろ「成解」された価値観を意識する個人が重要となるのである。

ホームワーク

価値観の衝突が起こったとき、どう折りあいをつけられるか
　本章では、さまざまな価値観をもつ人たちがコミュニティをどう形成し維持するのかを見てきた。価値観に影響を与えるものの例として、仕事や働き方がある。そこで、ある地域社会において、異なる仕事や働き方をしている人たちをあげてみよう。そのうえで、彼らがそれぞれどのような価値観をもっていると思われるか、またそうした人たちの間で価値観が衝突するとすればどのようなときか、さらにそのような衝突があるときに、どう折りあいをつけられるか論じてみよう。

キーワード

コミュニティ

「共同体」、「地域社会」などと訳される。同じ地域で共通の意識をもって暮らす人の集合を指す。コミュニティの崩壊・衰退などというときには、共通の意識やそれに基づく地域での助けあいが失われることを指す。関心や目的を同じくする人たちが作るアソシエーションとは区別される。

アクションリサーチ

もともとは心理学者のK.レヴィンが提唱した研究の方法であり、研究者と被験者が研究・実践を共同で行うアイデアは、その後、各分野に波及した。本章では、研究者が地域住民を「研究対象」とするのではなく共同研究の担い手とするアクションリサーチを示した。ただひとつの普遍的な答えとしての「正解」に対応する概念として、文脈に依存した暫定的な答えを作り上げる過程としての「成解」概念を唱えてアクションリサーチと結びつけたのは矢守克也である。

アーバニズム

都市に特徴的な生活様式。ワースによれば、異なる性質をもった人たちが大規模かつ高密度に暮らす都市では、村落に見られるような直接的で継続的な人間関係（第一次的接触）でなく、一時的で表面的な人間関係（第二次的接触）が優勢となる。

ブックガイド

近森高明・工藤保則編『無印都市の社会学──どこにでもある日常空間をフィールドワークする』法律文化社、2013年

都市あるいは郊外について、日常生活で触れる身近な対象を多様な視点から論じている。一見、特徴がなくどれも同じく見えてしまう「無印」の都市をフィールドとして、社会学することの楽しさを教えてくれる。

松本康編『都市社会学セレクション 第1巻 近代アーバニズム』日本評論社、2011年

大都市シカゴを社会学の実験室ととらえて都市社会学を生んだシカゴ学派の主要著作（バージェス「都市の成長」、パーク「都市」、ワース「生活様式としてのアーバニズム」）を集め、日本の研究者による考察も加えた論集。

デランティ、G.『コミュニティ──グローバル化と社会理論の変容』山之内靖・伊藤茂訳、NTT出版、2006年

コミュニティについて学問がどう扱ってきたかをたどる学説史を中心に据えつつ、デランティによるコミュニティ論も展開されている。コミュニティについて考える際に見取り図として読みたい1冊。

第4章　ワークシート

1．あなたは地方と都会のどちらで暮らしたいか

　もし選べるのであれば、あなたは地方と都会、どちらでの暮らしを望むだろうか。また、その決め手となる理由はなんだろう。

地方と都会どちらか：＿＿＿＿＿＿＿　　　理由：＿＿＿＿＿＿＿＿＿＿＿＿＿＿＿＿＿

＿＿＿

2．「地域と住民のかかわり方」について、明らかにしたいことはなんだろう

　「地域と住民のかかわり方」について住民から意見を聞くというプロジェクトに参加することになったとしよう。住民からの意見を聞くことで、あなたはどのようなことを明らかにしたいだろう。

＿＿＿

3．「地域と住民のかかわり方」にはどのようなものがあるだろうか

　地域A・Bの事例では断片的ではあるものの地域と住民のかかわり方が示されている。表4-1で紹介した各地域の特徴を踏まえながら、2、3個の語りを選んで読み取れることをそれぞれ書いてみよう。

選んだ語り　　　　　　　　　　　　読み取れること

＿＿＿＿＿＿　　＿＿＿＿＿＿＿＿＿＿＿＿＿＿＿＿＿＿＿＿＿＿＿＿＿＿＿＿＿＿＿＿

＿＿＿＿＿＿　　＿＿＿＿＿＿＿＿＿＿＿＿＿＿＿＿＿＿＿＿＿＿＿＿＿＿＿＿＿＿＿＿

＿＿＿＿＿＿　　＿＿＿＿＿＿＿＿＿＿＿＿＿＿＿＿＿＿＿＿＿＿＿＿＿＿＿＿＿＿＿＿

4．いろいろな価値観はどのように折りあいをつけられるだろうか

　【ワーク2】を受けて筆者が立てた問い「いろいろな価値観はどのように折りあいをつけられるか」について、筆者のあげた具体例を踏まえてまとめてみよう。

＿＿＿

＿＿＿

＿＿＿

＿＿＿

基礎ゼミ　社会学

第5章
働くってどういうこと？
―― 官僚制、組織

阿部真大

1 「働くこと」の現在

問いを発見する

正社員になりたい若者の増加　あなたにとって、もっとも身近な労働とは、アルバイトだろうか。ファストフード店で、居酒屋で、学習塾で、工場で、学業と両立しつつ働いている人も多いだろう。

しかし、アルバイトをしながら一生を過ごすと思っている人はあまりいないかもしれない。大学生の多くは3年生の終わりくらいから就職活動をはじめ、どこかの企業に就職し、そこで働くことになる。アルバイトではなく「正社員」として働き、平日のほとんどの時間を労働者として過ごすことになる。

あなたは「正社員になる」ということについて、それほど悪いイメージをもっていないだろう。マスメディアでは、「格差社会」「ワーキングプア」といった言葉とともに、非正規雇用で働く人たちのたいへんさがよく話題になっているし、むしろ、「正社員になりたい！　ならなきゃ！」と思っている人が多いことと思う。

実際に、労働政策研究・研修機構が2011年に行った「第6回　勤労生活に関する調査」の調査結果を見ても、今の若者が正社員的な働き方を支持する傾向が強まっていることが確認できる。報告書では、1999年と比較して、若者の間で「終身雇用」、「組織との一体感」、「年功賃金」を支持する割合が増加していること、キャリア形成に関しても、一企業でキャリアを積み上げることを望む若者が増えていることが指摘されている（一方で、雇われて働かない「独立自

営」のキャリアを望ましいとする若者は減っている)。報告書は、若者の間で日本型雇用慣行への評価が高まっていると結論づけている(労働政策研究・研修機構 2013)。いわゆる典型的な「正社員」の働き方への支持が、今、若者の間で広がっているのである。

「サラリーマンにはなりたかねえ」

しかし、1980年代から1990年代のはじめあたり(1990年代の中頃からはじまる就職氷河期の前ということで、以下、「プレ氷河期」とする)のJポップには、「サラリーマンにはなりたかねえ」という感じの曲が多い。今とは対照的な見方で驚いた人もいるかもしれないが、たとえば職場の上司となるような1970年代以前生まれの人たちは、このような曲を多く聴いていた。では、このプレ氷河期とはどういった時代なのだろうか。

プレ氷河期とは、その名前からもわかるように、就職氷河期よりも就職状況が良好であった時代である。あなたも、「昔は就職活動はもっと楽だった」なんてことを上の世代の人から聞いたこともあるかもしれない。しかし、「サラリーマンにはなりたかねえ」の背後には、じつは、別の要因もあった。近年では、求人倍率だけを見て「バブル期並み」と報道されることも多いが、だからといって働くことに関して、プレ氷河期と現代が同じ状況であるとはいえないのである。本章では、就職状況や求人倍率にはあらわれない、プレ氷河期のもうひとつの側面を見ることで、働くことの変容を明らかにしたい。

また、プレ氷河期とは、男女雇用機会均等法(第8章参照)が制定されながらも、まだ女性の社会進出がそれほど進んではいない時代でもあった(共働き世帯の数が片働き世帯の数を逆転するのは1997年である)。そのため、本章では男性の労働者を主要な対象として、話を進めていく。

ワーク1

プレ氷河期の職業観で、知りたいことはなんだろう
第2節以降では、プレ氷河期の若者の職業観について見ていく。この時代に特徴的な「サラリーマンにはなりたかねえ」という考え方について、あなたが知りたいことを書いてみよう。

2 プレ氷河期の歌詞を読んでみよう

問いにしたことを調べる

調べるに先立って　【ワーク1】のねらいは、「働くこと」をめぐる具体的な問いを定め、資料の分析の方向性を明らかにすることであった。本章では、《なぜ、プレ氷河期の若者たちは正社員になることを嫌がったのか》という問いを立てて考えていこう。まず本節では、プレ氷河期にヒットしたJポップの歌詞の一部から、「働くこと」がここ30年あまりでどう変化してきたのか見ていく。続く第3節で変化の理由を考え、第4節ではこれから「働くこと」をどうしていけばいいのか考えていきたい。

サラリーマンは忌むべきもの　まずは、「サラリーマンにはなりたかねえ」と直接的に歌っている曲を、2曲、見ていこう。

資料のひとつ目は、1980年代の若者のカリスマ、尾崎豊の1985年のヒット曲「Bow !」の歌詞の一部である。

歌詞1

否が応でも社会に飲み込まれてしまうものさ／若さにまかせ挑んでく　ドンキホーテ達は／世の中のモラルをひとつ　飲み込んだだけで／ひとつ崩れ　ひとつ崩れ／すべて壊れてしまうものなのさ

あいつは言っていたね　サラリーマンにはなりたかねえ／朝夕のラッシュアワー　酒びたりの中年達／ちっぽけな金にしがみつき　ぶらさがってるだけじゃ　NO NO／救われない　これが俺達の明日ならば

午後4時の工場のサイレンが鳴る／心の中の狼が　叫ぶよ／鉄を喰え　飢えた狼よ／死んでもブタには　喰いつくな

夢を語って過ごした夜が明けると／逃げだせない渦が　日の出と共にやってくる／中卒・高卒・中退　学歴がやけに目につく／愛よりも夢よりも　金で買える自由が欲しいのかい

(尾崎豊「Bow !」、尾崎豊作詞、1985年)

I　日常生活を問う

　ふたつ目の資料は、1982年に発表された、後に日本を代表するバンドとなるBOØWYのデビューアルバム、『MORAL』のなかの「ELITE」という曲の歌詞の一部である。

> **歌詞2**
>
> 住宅ローン　可愛い子供／ちょっと　ちょっと世界が違うぜ／同じレールにうまくはまれば腰をおろして／少しお休みか／あきれるぜ　幸せなんだね／イヤなのさ　お前等の事さ／チョット！　チョット！　チョット！　／吐き気がするぜ／いつも頭の中は　いっぱいさ／他人をケオス事で／エリートさ　カッコがいいぜ
>
> お前等　いい思いをしてる奴を真似るだけじゃ／イヤなのさ　スキがあれば足を引っぱって／苦しむ顔を見たくてウズウズ／そのくせ決まった顔で　道徳を気取りやがって／自分に火の粉がかかりゃ／置きざり裏切りなんでもOK！
>
> （BOØWY「ELITE」、氷室京介作詞、1982年）

　当時の若者たちのカリスマだったアーティストたちの歌詞を見て、あなたはどう感じただろうか。サラリーマンを非難する彼らの言葉は自意識過剰で、子どもじみていると感じたかもしれない。あるいは仕事に疲れて帰ってくる親の顔を思い出して複雑な気持ちになった人もいるかもしれない。

Jポップのなかのサラリーマン　つづいて、当時の雇用状況をうかがわせる曲を2曲、見ていこう。

　3つ目の資料は、1988年、日本がバブル経済の絶頂期にあったときに発売された栄養ドリンク剤「リゲイン」のCMで使われた、俳優の時任三郎扮する牛若丸三郎太による「勇気のしるし　〜リゲインのテーマ〜」の歌詞の一部である。この曲はCMでも連呼された「24時間戦えますか」という有名なフレーズとともに大ヒットを記録した。

> **歌詞3**
>
> 黄色と黒は勇気のしるし／24時間戦えますか／リゲイン　リゲイン／ぼくらのリゲイン／アタッシュケースに勇気のしるし／はるか世界で戦えますか／ビジネスマン　ビジネスマン／ジャパニーズ・ビジネスマン

5 働くってどういうこと？

> 有給休暇に希望をのせて／北京・モスクワ・パリ・ニューヨーク／リゲイン　リゲイン／ぼくらのリゲイン／年収アップに希望をのせて／カイロ・ロンドン・イスタンブール／ビジネスマン　ビジネスマン／ジャパニーズ・ビジネスマン
>
> 瞳の炎は勝利のしるし／朝焼け空にほほえみますか／リゲイン　リゲイン／ぼくらのリゲイン／心の誓いは正義のしるし／星空こえてかがやけますか／ビジネスマン　ビジネスマン／ジャパニーズ・ビジネスマン
>
> （牛若丸三郎太「勇気のしるし　〜リゲインのテーマ〜」、黒田秀樹作詞、1989年）

　4つ目の資料は、シンガーソングライター浜田省吾の1986年のヒット曲、「J. Boy」（Japanese Boy）の歌詞の一部である。

歌詞4

> 仕事終わりのベルに／とらわれの心と体　取り返す　夕暮れ時／家路たどる人波／おれはネクタイほどき／時に理由もなく叫びたくなる　怒りに
>
> J. Boy　掲げてた理想も今は遠く／J. Boy　守るべき誇りも見失い　J. Boy／J. Boy. 果てしなく続く生存競争／家庭も仕事も投げ出し　逝った友人／そして　おれは心の空白埋めようと／山のような仕事　抱え込んで凌いでる
>
> J. Boy　頼りなく豊かなこの国に／J. Boy　何を賭け何を夢見よう／J. Boy　I'm a J. Boy.
>
> 午前4時眠れずに／彼女をベッドに残し／バイクにkey差し込み／闇の中滑り込む／すべてが消え去るまで／風を切り突っ走る
>
> J. Boy　Show me your way !
>
> （浜田省吾「J. Boy」、浜田省吾作詞、1986年）

　当時のサラリーマンの働き方をうかがわせるこの2曲の歌詞はどうだろうか。「サラリーマンにはなりたかねえ」の背景にあるものが、うっすらと見えてきたかもしれない。

正社員にならない若者たち

　最後に、当時、サラリーマン＝正社員にならない（就職しない）若者たちについて歌った曲を見ていこう。
　5つ目の資料は、今も第一線で活躍する奥田民生率いるバンド、ユニコーン

I 日常生活を問う

の1991年のヒットアルバム、『ヒゲとボイン』に収録されている「開店休業」の歌詞の一部である。

歌詞5

猫の手さえも貸したいくらい　人は大変忙しいのに／僕のまわりは誘惑だらけ　うれしいね／今日も朝からテレビとビール／君はそれをプー太郎と言うけど／いつもそばにいるだけ　君を愛してるよ

言葉は大切だね／仲直りの情事　君は特にきれいさ　Woo…
今日はとっても天気がいいよね／おまけに鳥も泣きじゃくりだし／そんな日には午後からそうね熱海にでも

(ユニコーン「開店休業」、阿部義晴作詞、1991年)

　この曲の歌詞は、一見、正社員として働くことと関係ないように思われるかもしれない。しかし、次節で詳しく分析するが、そこにこそ「サラリーマンにはなりたかねえ」と安心して言える、当時の雇用状況を読み込むことができる。
　ここまで、「なぜ、プレ氷河期の若者たちは正社員になることを嫌がったのか」という問いに答えるための、5つのJポップの歌詞を提示してきた。次節では、ここで紹介したJポップの歌詞に対して、実際に分析を加えていこう。

ワーク2

歌詞から読み取れるプレ氷河期の若者たちの職業観を考えてみよう
　第2節で紹介した曲のなかから、自分の気になる1曲を選んで、その歌詞から読み取れるプレ氷河期の若者たちの職業観について考えてみよう。

3 職業観が変化した理由を考える

調べたことを考察する

大衆芸術としての歌詞　Jポップのような「大衆芸術」について、社会学者の見田宗介は、「民衆によってではなくて、民衆に向けて作られたものであるから、制作者という屈折要因を媒介としての反映であるという難点がある」としながらも、「大衆芸術は、それを享受する時代の民

衆の精神の何らかの側面に共鳴盤を見出さなければ成功を望みえないから、結果からみて成功した大衆芸術（「ヒットソング」、「人気番組」、「ベストセラー小説」等々）は、その時代の民衆の中の、少なくともある一定の社会層の、ある一定の心情の側面を反映しているとみることはできる」（見田 2012：8）と述べている。本章で扱ってきた資料も「成功した」ものであるがゆえに、それがその時代の若者の心情を反映していると考えられる。

　自分がかつて親しんでいたマンガやJポップなどが「古い」と感じられることがあるかもしれない。それは、マンガであればイラスト、Jポップであれば音楽そのものの古さではなく、台詞や歌詞などから醸し出される「世界観」を古く感じるためである。なぜこのように感じるのかと、若者の「世界観」の変遷を追うことで、その背後にある社会の変化を知ることができる。だから、大衆芸術は社会学の対象となりうるのである。

官僚制批判としての2曲　「Bow！」と「ELITE」の2曲の歌詞からわかるのは、当時、「サラリーマンにはなりたかねえ」と思われた背景に、サラリーマンのもつ心性への忌避感があったということである。近代社会の**官僚制**＝「鉄の檻」に囲われた人々について、社会学者M.ウェーバーは、「精神のない専門家、魂のない享楽的な人間。この無にひとしい人」（ウェーバー 2010：494）といったが、尾崎や氷室が批判したのも、まさしく、**組織に従順で疑うことのない、思考能力の奪われた「会社人間」**たちの姿であった。

　こうした思考を「子どもじみている」と言うことは簡単かもしれない。しかし当時の雇用状況を理解すれば、「サラリーマンにはなりたかねえ」を、単なる「甘え」と呼ぶことはできないだろう。その背景には、長時間労働と過労死の問題がある。

長時間労働と過労死のなかで　「勇気のしるし　〜リゲインのテーマ〜」で歌われたのは、お金を稼ぐために（「年収アップに希望をのせて」）、徹夜もものともせず（「朝焼け空にほほえみますか」）、世界中をかけまわる日本のビジネスマンの姿であった。

実際、統計データを見ると、1980年代から1990年代のはじめにかけて、フルタイムの男性労働者の労働時間は急激に増加した。内閣府規制改革会議の雇用ワーキンググループの資料によると、フルタイム男性雇用者の労働時間数別の割合は、平日1日あたりの労働時間が10時間以上の労働者が、1976年には17.1％だったのが、1981年には19.9％、1986年には31.0％、1991年には32.6％まではね上がった。長時間労働者の割合が5人に1人弱だったのが、3人に1人弱まで増えたのである（黒田 2013）。

　長時間労働の問題は、CMだけでなく、当時、若者に人気だったテレビドラマやJポップの曲のなかでもしばしば取り上げられた。

　1992年に大ヒットしたテレビドラマ『愛という名のもとに』（野島伸司脚本）は、大学時代の仲間たちが社会人になった後の友情を描いた作品であるが、そのなかで、仲間のなかの「いじられ役」である中野英雄演じる倉田篤は、証券会社に就職したのち上司からのイジメや過酷な労働に耐えかねて自殺してしまう。このドラマの挿入歌として使われたのが「J.Boy」である。この曲でも、長時間労働と過労死の問題が扱われている。

　長時間労働と過労死は、1980年代から1990年代にかけて大きな社会問題となった。「バブル経済」の真っただなかにおいて、景気がよくお金がありあまる一方、自由な時間なく働きつづける日本社会の影の側面として、この問題はテレビドラマやJポップのなかでしばしば印象的に取り上げられた。尾崎豊が「サラリーマンにはなりたかねえ」と歌った背景には、こうした、深刻な長時間労働と過労死の問題もあったのである。

自営業の安定感

　「サラリーマンにはなりたかねえ」の背景には、「サラリーマンにならなくても生きていける」ような若者の働き方の選択肢があった。そのことを示唆する曲が、「開店休業」である。

　「開店休業」では、「プー太郎」であっても朝からビールを飲みながらテレビを観て過ごし、彼女と一緒に熱海旅行に行こうと歌っている。フリーター（厚生労働省によると、「15〜34歳の男性又は未婚の女性（学生を除く）で、パート・アルバイトとして働く者又はこれを希望する者」のこと）をどこかポジティブにとらえる、当時の牧歌的な雰囲気が伝わってくる。当時、「働かなくても大丈夫」と思える

背景には、「働こうと思えばいつでも働けて、かつその仕事が安定している」という安心感があった。

その最たるものが「自営業」である。当時、「家のあとを継ぐ」ことは、安定した収入を手に入れる手段として広く共有されていた。また、なかには「家のあとを継ぐ」だけでなく、自分で自営業をはじめる＝起業するという方法をとる場合もあった。社会学者の新雅史は、作家活動を行う前、東京の国分寺市でジャズ喫茶を経営していた村上春樹の例をあげ、「金もないけど就職もしたくない」若者たちの「抜け道」（村上自身の言葉）として、当時、起業がとらえられていたことを指摘している（新 2012：14-15）。

村上春樹は大学を卒業しているが、「学校を卒業して就職する」というルートに乗れなかった（「ドロップアウト」した）若者にとっての起業の意味は、中学や高校でドロップアウトした若者にとっても同じだった。

たとえば 1980 年代に発表されたヤンキー漫画の代表作、『湘南爆走族』（吉田聡）において、現役の暴走族メンバーに負けない存在感を示している暴走族のOB、初代親衛隊長の茂岡義重は、メンバーたちのたむろするラーメン屋、「じえんとる麺」を経営していた。暴走族をはじめ、若くしてドロップアウトした若者たちが働きはじめる際に、親のあとを継いだり飲食店などを開業したりというのは、彼らの「社会復帰」のしかたとして、ごく一般的なものであったのである。

自営業の特徴は、その仕事が「地域社会」と密接に結びついているという点にある（第4章参照）。「サラリーマン」という働き方ができなくても、いざとなったら地元で働く場所がある。そうした余裕があるとされていたからこそ、当時の若者は「サラリーマンにはなりたかねえ」と歌えたのかもしれない。

雇用社会化と格差社会化　しかし、そんな自営業者の数も、1990年代と2000年代を通じて、一気に減少した。内閣府の発表している「年次経済財政報告　平成23年度」によると、1990年に自営業者（家族従事者をあわせる）は日本国内で1,395万人いて、自営業率は22.3％だったが、2011年（2月時点）には、711万人、11.4％と半数近くにまで落ち込んだ。

それでは、その半数近くの自営業者は失業してしまったのかというと、もち

ろんそんなことはない。報告書では、「自営業が減った分は基本的には雇用者の増加に振り替わっていると考えられる」と説明されている（内閣府 2011）。つまり、1990年代、2000年代を通じて、日本は「雇用社会化」したのである。

ただし、その雇用は、不安定さをともなうものだった。社会学者のS. サッセンが、ポスト工業化の時代においては、グローバルな都市を中心に非熟練の低賃金サービス労働者が増加し、一部の専門的知識をもった労働者との間の賃金格差が開いていく（サッセン 1992）と指摘したとおり、昇進や右肩上がりの給与、定年まで働きつづけることが保障されている正社員と、それらの保障とは無縁の非正規雇用者との間の格差が広がった（第10章参照）。安定した雇用のサラリーマン（正社員）は、その働く条件がいかに厳しいものであってもいよいよ価値のあるものとなっていった。

ここに、プレ氷河期の若者と現在の若者のもっとも大きな違いがある。プレ氷河期の若者は、正社員になる以外にも生活を安定させる働き方があるとされた。「安定した働き方」が、会社だけでなく、地域社会のなかにもあると人びとが思える程度には存在したためである。しかし、現在の若者は、正社員になる以外で生活を安定させる選択肢がないという見方にリアリティを感じる。「安定した働き方」が、事実上一部の人びとだけに限定されてしまっているのである。「正社員になりたい！　ならなきゃ！」と若者が思う社会は、こうして生み出されたのである。

ワーク3

プレ氷河期の若者と現在の若者の職業観の違いをまとめよう

「なぜ、プレ氷河期の若者たちは正社員になることを嫌がったのか」という問いに答えるかたちで、プレ氷河期の若者と現在の若者の職業観の違いをまとめよう。

> **グループワーク**
>
> 現在の若者の労働状況を反映するような歌詞を作ってみよう
>
> 現在、日本の若者たちはどんな働き方をしているだろうか。アルバイトの経験、家族や知り合いから聞いたこと、メディアで見たことも踏まえ、みんなで話しあってみよう。そのうえで、それを反映するようなJポップの歌詞を作ってみよう。

4 「働くこと」の未来

考察したことを理論化して深める

官僚制化、組織社会化の進行　本節では、「雇用社会化」する今の日本社会を、官僚制化、組織社会化の進行という観点でとらえ、それに対抗しうる働き方の再生の可能性について論じよう。

M. ウェーバーは、近代官僚制の特徴として、各組織が規則によって秩序づけられた明確な権限をもち、組織間の上下関係には明確に整序された体系があること、職務の執行は文書に依拠して行われ、その領域は私生活の領域から区別されること、職務活動は専門的訓練を前提とし、兼職的ではなく、全労働力を要求すること、職務執行のためには技術学（法律学・行政学・経営学）を身につけている必要があることをあげている（ウェーバー 1960）。

こうした特徴を踏まえると、正社員層は、自営業者層よりも明らかに官僚制的である。そして、近代化の進行にともなう産業構造の変化や郊外化、地域社会の衰退などとともにサラリーマンが増加し、自営業者層が減少していく事態は、社会が官僚制的になっていくこととも いえる。

またそれは、自営業者（もしくは彼らの集まり）のような小規模な集団が少なくなり、会社のような大規模な組織が増えていく事態でもある。集団が組織へと質的に変化した現代は「組織の時代」と呼ばれるが（梅澤 1988：4）、雇用社会化する現代とは、まさしく「組織の時代」のひとつの現れと考えられるだろう。

長時間労働の深刻化

雇用社会化するなかで、前節で指摘した長時間労働と過労死の問題は、いっそう、深刻化している。

前節で見た資料（黒田 2013）によると、フルタイム男性雇用者のなかの、平日1日あたりの労働時間が10時間以上の労働者は、1991年には32.6％だったのが、1996年には35.4％、2001年には37.2％、2006年には42.7％、2011年には43.7％と、ほぼ半数に達する勢いで増えつづけている。

また、厚生労働省（2014）によると、勤務問題を原因とする自殺者の数は、1991年には992人と1,000人を下回っていたのが、1996年には1,257人、2001年には1,756人、2006年には1,919人とほぼ倍の数になっている（2007年の自殺統計からは、原因と動機を最大で3つまで計上することになったため、2006年以前との比較については注意を要する）。

その背景としては、景気の悪化、日本企業の国際的な地位の低下、グローバリゼーション（⇨第9章キーワード）にともなう企業間競争の激化などがあげられるだろう。雇用者が中心の社会においては、企業を取り巻く過酷な状況は、直接、労働者に影響を及ぼす。彼らにかつてのような「抜け道」は用意されていないのである。

つまり、長時間労働と過労死といった、プレ氷河期に若者たちが直面してきた正社員的な働き方の問題は、まったく解消されないまま、官僚制化、組織社会化の進んだ社会＝「鉄の檻」は、より強固で、過酷なものとなっているのである。

「鉄の檻」に抗するために

雇用社会化が進んでいる以上、まずは、長時間労働と過労死のような労働問題を解決することが必要である。労働法制の整備、企業への監督の強化、労働者教育の普及など、すべきことはたくさんある（2014年には「過労死等防止対策推進法」が成立し、厚生労働省に長時間労働削減推進本部が設置された）。

同時に、雇用社会の枠内で解決する以外の方法も模索されるべきだ。つまり、かつてあった働き方の選択肢を取り戻すことによって、「鉄の檻」に対抗するという方向性である。

現在、若者の起業支援がさまざまなかたちで行われているが、2014年度の

『中小企業白書』では、起業を志す若者が減っており（29歳以下の起業希望者は、1992年の31.6％から2012年には17.8％にまで減少している）、若者はシニア層に比べ起業に対して不安感を強くもっていることが指摘されている（たとえば「収入の減少、生活の不安定化」に対する不安は、若者は64.7％、シニア層は58.5％が感じている）。それもそのはずで、自営業主の個人所得は、90年代、2000年代と減少しつづけている（300万円未満の所得の自営業主は、1992年には58.4％だったのが、2012年には70.4％にまで増えている）。

　もし若者の起業を増やしたいなら、起業のリスクがより少なく、収入も安定するような制度を作っていく必要があるだろう。それによって、現在の「起業」という言葉によって連想されるリスキーなイメージ（あなたはIT関連のベンチャー企業などを連想するかもしれない）を払拭し、より広い幅での「起業」が可能となるかもしれない。そのなかには、最近注目をあつめる社会起業家による社会的企業も含まれるだろう。

　いずれの方向をめざすにせよ、今の日本人の働き方を不変のものとしてとらえていては、新しい働き方を作ることは不可能である。私たちは、みずからの歴史や海外の事例などを参考に、今とは違った働き方への想像力を高めていく必要がある。その先に、あなたの未来の働き方も見えてくるかもしれない。

ホームワーク

これからの日本人の働き方について考えてみよう
　本章では、30年ほど前の若者たちと今の若者たちの職業観を比較してきたが、30年後の若者たちは、どのような職業観をもっているだろうか。未来の働き方を想像し論じてみよう。

I 日常生活を問う

キーワード

官僚制

M. ウェーバー（1960）によると、官僚制の本質は、規則、手段、非人格性がその行動を支配する合理性にあり、それは、合理的でない支配の構造形式を打倒しながら広がり、一度完成すると、壊すことがきわめて困難な強固なものとなる。近代社会を特徴づける官僚制に対しては、多くの社会学者がその弊害を指摘しており、たとえば R. K. マートン（1961）は、官僚制の逆機能（目的に反する結果をもたらすこと）の例として、手段としての規則の遵守が自己目的化する「目標の転移」と呼ばれる現象などを指摘している。

組織

梅澤正（1988）によると、集団における地位と役割の分化が明確にされている状態が集団の構造化であり、構造化が徹底し、かつ規模が大きくなった集団が組織と称される。佐藤慶幸（1968）は、組織社会における人間の生活基盤とその環境は、伝統的な生活統一体であった家族、氏族、近隣、共同体などと明確に区別されるものであるとしている。「組織の時代」である現代に、それに疑問をもつ人びとによってかつての生活圏の中心にあった集団の意義が見直されていることは、「社会」というものの本質を考えるうえできわめて示唆的である。

ブックガイド

伊原亮司『私たちはどのように働かされるのか』こぶし書房、2015年
　我々が「どのように働くのか」ではなく「どのように働かされるのか」に焦点を当てた本。企業と労働者の関係だけでなく、現代日本の労働問題の歴史的背景を理解することもできる。

新雅史『商店街はなぜ滅びるのか』光文社新書、2012年
　戦後日本の多様な働き方の象徴のような商店街の成立から衰退までをまとめた本。戦後、人々の働き方がどのように変化してきたのか理解できる。

ウェーバー、M.『プロテスタンティズムの倫理と資本主義の精神』中山元訳、日経BP社、2010年
　資本主義経済の成立をプロテスタンティズムの労働に対する姿勢から説明する本書は、働くという個人的な行為を社会と結びつけて考える視点を養う絶好の本。読みやすい新訳で挑戦したい。

第5章　ワークシート

1．プレ氷河期の職業観で、知りたいことはなんだろう

第2節以降では、プレ氷河期の若者の職業観について見ていく。この時代に特徴的な「サラリーマンにはなりたかねえ」という考え方について、あなたが知りたいことを書いてみよう。

_____

2．歌詞から読み取れるプレ氷河期の若者たちの職業観を考えてみよう

第2節で紹介した曲のなかから、自分の気になる1曲を選んで、その歌詞から読み取れるプレ氷河期の若者たちの職業観について考えてみよう。

選んだ曲：_____　　職業観：_____

_____

_____

3．プレ氷河期の若者と現在の若者の職業観の違いをまとめよう

「なぜ、プレ氷河期の若者たちは正社員になることを嫌がったのか」という問いに答えるかたちで、プレ氷河期の若者と現在の若者の職業観の違いをまとめよう。

_____

_____

_____

_____

第II部

身近な文化を問う

基礎ゼミ　社会学

第 6 章

文化って何？

——風俗、考現学、消費社会

工藤保則

1 文化はよくわからない

問いを発見する

生活経験の象徴化された形態!?

　文化という言葉は、わかったような、わからないような言葉である。わからないものや事象があるとき、手っ取り早いのは、事典や辞典で言葉の定義を調べることである。『新社会学辞典』の「文化」の項目を見てみよう。「さまざまな観点、分野から種々の定義が試みられてきたが、最大公約数的に表現すれば、文化とは、人間の現実的・想像的な生活経験の象徴化された形態ということができよう……」。ますますわからない、と思ったのではないだろうか。文化とは、それほど定義しにくいものなのだ。

　定義はしにくいが、民族、地域、世代、グループなど、集団ごとに固有の文化があることは、なんとなく理解できるのではないだろうか。また、その時代その時代に特徴的な文化があることも理解できるだろう。本章では、現代の日本社会に浸透している特徴的な文化について考えていきたい。

ワーク 1

「現代的な日本文化」を一言で表す言葉を考えてみよう

　伝統的な日本文化には、「わび（侘）・さび（寂）」や「いき」といったような、その特徴を表す言葉があるが、現代的な日本文化にもそのような言葉はないだろうか。思いつくままにあげてみよう。

6　文化って何？

|現代文化について考えてみる| 現代文化に造詣が深かったコラムニストのナンシー関は、漫画家の根本敬の言葉としながら「世の中の9割はヤンキーとファンシーでできている」と述べた。ファンシーは、今よく使われる言葉でいうと、「かわいい」のことである。いわれてみれば、「なるほど、そうかもしれない」と思った人もいるだろう。ワークシートにも、「ヤンキー」や「かわいい」という言葉があがっているかもしれない。

「ヤンキー（文化）」が社会に浸透していることについては、近年、学問的にも指摘されている（五十嵐編 2009、難波 2007、2009 など）。そちらは各自で自習してもらうこととし、本章では「かわいい（文化）」のほうを考えていきたい。

ワーク2

「かわいい（文化）」を主語にした疑問文を作ってみよう
　「考える」というのは、疑問に対して答えていくこととともいえる。そこで、「かわいい（文化）」を主語にした疑問文を作ってみてほしい。

2　「かわいい」を採集する

問いにしたことを調べる

|「かわいい（文化）」って何？| 【ワーク2】では、どのような疑問文＝問いができただろうか。ワークシートに「かわいい（文化）は、なぜ女子に好まれるのだろう」と書いた人は多いのではないだろうか。逆に、「かわいい（文化）は、なぜ男子にはあまり関心をもたれないのだろう」というのもあるかもしれない。もともと「かわいい（文化）」に興味がある人は、「かわいい（文化）は、なぜ外国でも人気があるのだろう」と書いているかもしれない。あるいは、何も思いつかなかった人は、それこそ、「かわいい（文化）は、なぜ私にはピンとこないのだろう」という気持ちかもしれない。

上にあげたもののうち、最初のふたつは、「ジェンダー」にかかわる問いでもある。ジェンダーについては第8章で学習してもらいたい。3つ目のものは、クールジャパンと呼ばれる現象にも通じ、「グローバリゼーション」に関係する問いだろう。グローバリゼーションについては第9章で学習することになっ

ている。4つ目のものは、問いになっていないといえばなっていない。しかし、「ピンとこない」、つまり、「よくわからない」というのも、ある意味で、とても重要な問いになってくる。

「かわいい（文化）」について考えたいのだが、具体的な問いは立てられない——そういう場合は「かわいい（文化）」そのものを問えばいいのである。自分なりに、「かわいい（文化）」がどういうものであるのか明確に説明できれば、ひとつの研究になりうる。《「かわいい（文化）」っていったいなんだろう》。以下では、これについて探索的に考えていく。

日本カワイイ博覧会　今の日本社会には「かわいい」があふれている。それがよくわかるひとつの事例として、2012年3月31日（土曜日）と4月1日（日曜日）に行われた第1回「日本カワイイ博覧会イン新潟」について紹介したい。ホームページでは、「カワイイ博」が次のように告知されていた。

告知文

最新のカワイイのテーマパーク
最新の「カワイイ」を見て、買って、体験できる！
アナタも日本カワイイ博でもっとかわいくなろう♪

そこで、筆者も「かわいい」を体験するために、「カワイイ博」に行ってみた。

体験記録1

「カワイイ博」は、東京コレクションや神戸コレクションのような、大規模に開催される若者ファッションショーを目標としたイベントであった。だが、それにとどまらず、博覧会と銘打って多くのものを集めて示そうとしたところに、このイベントの特徴がある。実際、そこにはいろいろな「かわいい」があった。

会場のセンターステージでは、1日に何度もファッションショーが開かれた。そのショーはリアルクローズからウェディングドレスまで、かわいいをコンセプトとしたものであり、開始前からステージのランウェイまわりには多くの人だかりができていた。ショーがはじまるとさらに人は増え、人気モデルが登場するたびに、「かわいい！」との声があがった。モデルがかわいいのか服がかわいいのかわからなかったが、おそらくその

両方、つまりはステージに現れるすべてがかわいいのだろう。

　会場には、センターステージを囲むように、各種のブースが設置されていた。化粧品メーカーのブースではメイク体験ができ、その待ち時間には試供品が配布されていた。ネイルやエステの体験ブースもあった。メイク体験やエステ体験の後にかわいくなった自分の写真を撮るのであろう、写真撮影ブースもあった。なぜか、ビートルやスマートといったクルマも置かれていた。

　1日のイベントの最後に音楽ライブが行われた。初日はミルキーバニー（益若つばさ）、二日目はきゃりーぱみゅぱみゅであった。きゃりーぱみゅぱみゅはまだ一般的な人気が出る前であったが、彼女らのライブ中ずっと、「かわいい、かわいい」との声がとんでいた。衣装、メイク、楽曲、MC、しぐさ、それら「すべてがかわいい」ということなのだろう。

街のぶらぶら歩き　次に示すのは、2014年7月19日（土曜日）、午前10時から午後5時まで、大阪の繁華街である梅田地区と心斎橋・難波地区を歩いたときに、「かわいい」という声を耳にしたときの様子である。

体験記録2

　午前10時にJR大阪駅の中央改札を出て、10時5分に駅構内のコンビニに立ち寄った。大阪に観光に来たような雰囲気の10代女子ふたりづれが、「くいだおれ太郎」の小さな人形がついたボールペンを指して「これ、かわいい」「ほんと。うける」。別の観光客らしき20代女子4人グループが、ご当地キティちゃんコーナーにあるたこやきをモチーフにしたキティちゃんグッズを見て「たこやきキティちゃんだ」「かわいい」。

　その後、JR大阪駅に併設されている若者向けの商業施設「ルクア」に向かった。午前10時35分、「ルクア」1階にあるファッション雑貨店において、10代女子ふたりがバッグを見ながら「かわいい」。別の10代女子ふたりがアクセサリーを見ながら「かわいい」。午前10時44分、3階にあるファッション雑貨店において、10代女子ふたりが財布を手に取って「かわいい」。20代女子ふたりがポーチを手に取って「かわいい」。午前10時57分、3階の時計店において、デート中の20代カップルがカジュアルウォッチを指して「これ、かわいいね。買おうかな」「かわいいね。買ったら」。午前11時15分、7階のメンズシューズ店において、20代カップルの彼女が彼氏の靴を品定めしながら「これ、かわいいよ」。

　午前11時30分に、阪急百貨店うめだ店に移動した。午前11時43分、4階婦人服売り場において、服の相談をする30代女性のお客さんに対してショップ店員が「これ、とてもかわいいです。よくお似あいになると思います」。午前11時58分、6階婦人服売り場にて、60代の母親の服の相談にのっている30代の娘が「お母さん、こっちがかわいい

> よ」。
> 　午後0時33分、梅田の地下街を歩いていると、待ちあわせ直後のような様子の10代の女子ふたりづれが「今日の服、かわいいね。どこで買ったの」「地元のよく行くお店」。午後0時41分、梅田地下街の眼鏡店でフレームを決めようとしている30代男性に対して女性店員が「こちらはかわいい感じになりますね」。
> 　午後1時25分、地下鉄で心斎橋に移動中、地下鉄の車両のなかで男子大学生3人グループが、サークル内の女子のことを話題にしながら「あのこ、かわいいな」。午後1時57分、心斎橋筋商店街にある文具店で、小学校高学年の女子が母親に「このノート、かわいい」。同じ店内で女子大学生ふたりが「このちっちゃいマグネット、かわいいね」「このシールもかわいいよ」。午後2時28分、心斎橋筋商店街を歩いていたら、ベビーカーにのった赤ちゃんを見た女子高校生の4人グループが「かわいい」。
> 　午後2時57分、心斎橋のアメリカ村にある古着屋で古着ジーンズを間にして大学生ふうの男性のお客さんと30代らしき男性店員が「これなんかかわいいですね」「そうですね。かわいいですね」。午後3時25分、いわゆる原宿系の服を扱うお店で、店内にいる10代、20代の女性のお客さんがあちらからもこちらからも「かわいい」。午後3時51分、アメリカ村から少しはずれたところにあるロリータファッションのお店で、ゴスロリふうの服を買おうとしているお客さんが店員さんと「これかわいいですね」「いい感じですね」。
> 　午後4時21分、ビックカメラなんば店の携帯オーディオプレーヤー売り場で20代カップルが、色違いを見比べながら「この色かわいい」「こっちの色もかわいい」。午後4時34分、掃除機売り場で5〜6歳くらいの男の子がロボット掃除機ルンバを見て大きな声で「お母さん、これかわいい」。
> 　午後4時56分、ジュンク堂書店なんば店で、ふたりの女子高校生が雑誌にのっているきゃりーぱみゅぱみゅのグラビアを見ながら「かわいいね」。
> 　このように「かわいい（もの）」は街にあふれていた。街をぶらぶらと歩いただけで、次から次へと「かわいい」という言葉が耳に入ってきた。若い女性が「かわいい」という言葉を発することが多かったが、年配の方や男性もかわいいという言葉を口にしていた。

　こんなふうに、気になることがあれば、そのことを意識しながら街をうろうろ、ぶらぶらしてみよう。少し意識するだけで目的のものはむこうから飛び込んでくる。ここまで筆者の体験を書いてきたが、これらからぼんやりと見えてきたのは、なんでもかわいいになりうるようだが、だからといってすべてがかわいいというわけでもなさそうだ、ということである。つまり、「かわいい」という言葉は、なんらかの意味・意図をもって使われているように思われるのである。

> **ワーク3**
>
> 「街のぶらぶら歩き」のなかに出てきた「かわいい」を分類してみよう
> あなたの考える意味・意図にしたがって「かわいい」を分類したうえで、具体的にどのようなものをどのような基準で分類したかを書いてみよう。

3 風俗から文化を考える

調べたことを考察する

**ふだんの生活を
とらえる考現学**　文化に関する調査は難しい。仮に、文化には変化しにくい深層的なものと変化しやすい表層的なものがあるとするならば、後者についての調査はとくにそうである。

表層的な文化は**風俗**と言いかえてもいいだろう。風俗というのは、私たちの生活のなかの変わりゆくものや変わりやすいものを指して使う言葉である。そしてどちらかというと、学問的にはこれまであまり真剣に扱われてはこなかったものである。しかし、かつて哲学者の戸坂潤が「風俗は社会の皮膚である」といったように、人間の健康状態が皮膚の色つやなどに現れるのと同じで、社会も表層を見ることでその本質をつかむことができるのである。

風俗は**考現学**という学問とかかわりが深い。考現学というのは、大正末期から昭和初期にかけての都市の「いま」をとらえようとした学問である。提唱した今和次郎は「考現学とは何か」と題した文章で次のように述べている。「考古学と同じくそれは方法の学であり、そして対象とされるものは、現在われわれが眼前にみるものであり、そうして窮めたいと思うものは人類の現在である」（今 1987：359）。

今はその言葉を実践した。彼は、関東大震災（1923年）後に、被災した人たちが創意工夫して建てたバラックをスケッチしてまわったことを皮切りに、数多くの調査を行った。「東京銀座風俗記録」（1925年）では、銀座を歩く人を観察することで、男女それぞれの服装や持ち物など100以上の項目を調査した。その後も「本所深川貧民窟附近風俗採集」（1925年）や「東京郊外風俗採集」（1925年）を行い、人びとのふだんの生活をとらえようとした。

Ⅱ　身近な文化を問う

現在の考現学

現在の考現学的活動の第一人者である岡本信也は「考現学の特色は見て歩き、聞き書き採集にある。採集者が特定の場所に出かけ、生活や風俗を調べる。ちょうど考古学や民俗学で試みるフィールドワークと同じような作業をする。……また、考現学におけるフィールドワークは学者や専門家が現地調査をするスタイルというより、ひとりの市民が街中を歩き、生活の実態を知り、採集するスタイルに近い。それは「調査」と呼ぶより、植物採集のような「採集」というやわらかい言葉がふさわしい」（岡本 1997：114）と述べている。

岡本がいうように、考現学の方法はフィールドワークに似ている。ただそれは学問的方法にのっとったフィールドワークというよりも、「気負わずに自分にふさわしいやり方をとった結果そうなったフィールドワーク」といったほうが適切だろう。だから、「調査」というより「採集」というほうがふさわしい。その素朴な軽やかさが考現学の魅力であり、初学者が社会学する際のヒントにもなる。

前節で示した、かわいいものが集められたイベント会場に行ってみる、街をぶらぶらして「かわいい」という言葉を耳にした場面を書きとる、などというのは素朴このうえない方法である。だからこそよけいに、その結果を使って「考える」ことが重要になってくる。考えるという行為は、自分だけの思いつきを、他人と共有することのできるレベルまで昇華させるということだ。それを行ってはじめて、意味のある方法となる。

「かわいい」を2つの視点で考える

話を「かわいい」、そして【ワーク3】に戻そう。先に示した素朴な調査（というか採集）結果を見ていると、何に対しても「かわいい」と言うことはできるのだが、実際にはなんらかの意図をもった使い方がされているようだ。私たちは、何に対して「かわいい」と言っているのだろうか。

結論を先取りしていえば、次の2つにまとめることができるように思う。ひとつは、「自分はこれをいいと思う」という意味での「かわいい」。もうひとつは、「小さくて幼いもの」、つまり未成熟なものに対しての「かわいい」である。

このことを先の大阪の街のぶらぶら歩きのなかで確認してみよう。前者につ

いては、バッグ、アクセサリー、財布、ポーチ、カジュアルウォッチ、靴、婦人服、服、めがね、古着ジーンズ、ゴスロリの服、携帯オーディオプレーヤー、きゃりーぱみゅぱみゅ、を指しての「かわいい」があてはまるだろう。後者については、ちっちゃいマグネットやシール、赤ちゃん、携帯オーディオプレーヤー、ロボット掃除機ルンバ、などを指しての「かわいい」があてはまるだろう。

　この2つの「かわいい」ははっきりとわけることは難しく、重なることも多い。とはいえ、「かわいい」には2つの用途がありそうだということは、素朴な調査（というか採集）結果から導き出せる。それを自分だけの思いつきで終わらせないために、同じようなことを考えている人や言説はないか、探してみることにしよう。

　ファッションに感度が高い人に人気の雑誌『装苑』には次のように書かれている。

考えるためのヒント1

　少女たちが「かわいい」という言葉を使うのは、なにか内容があることをいいたいわけではなく、「自分はこれをいいと思う」という態度表明としてである。実際に何がかわいいかはそれほど問題ではない。それは、「何かをいいと思う自分が好き」という自己肯定のマニュフェストだからである。
(『装苑』2010年8月号)

「自己肯定のマニュフェスト」という視点はとても興味深い。つまり、重要なのは対象よりも（ポジティブな）自分だというわけだ。
　一方、評論家の四方田犬彦による『「かわいい」論』には次のような記述がある。

考えるためのヒント2

　小さな物、どこかしら懐かしく、また幼げである物を「かわいい」と呼び、それを二十一世紀の日本の美学だと見なしたところで、どうしていけないだろう。　(四方田 2006：18)

　四方田は「かわいい」を「二十一世紀の日本の美学」とまでいっている。たしかに、これほどまで日本の日常に広く深く「かわいい」が浸透していること

を見れば、四方田の言葉もそれほど大げさではないように思えてくる。

「かわいい文化」と1970年代

前項で確認した2つ目の「かわいい」について、さらに考察を進めていこう。

四方田の『「かわいい」論』は、かわいいものやことは1970年代から広まったことを明らかにしている。ここで、1970年代のかわいい文化の隆盛について簡単にまとめてみよう。1974年にサンリオのファンシーショップ1号店開店、パティ＆ジミー誕生。そして何よりもかわいいの代表的存在であるキティちゃん（ハローキティ）が誕生したのがこの年である。1975年にはリトルツインスターが誕生した。このように、物語性をもたないかわいいキャラクター、少女がちょっと持ってみたいと思うようなキャラクターが生まれていったのが、1970年代なのである。

1970年代のかわいいはファンシーグッズやキャラクターグッズだけにとどまらない。この時代のアイコン的存在として水森亜土をあげることができるだろう。水森亜土は歌を歌いながら透明アクリルボードに両手でイラストを書くパフォーマンスで人気を博した。彼女の描くイラストは幼児体形の女の子が多く、それをもとにしたかわいい亜土ちゃん文具やグッズが数多く販売された。メディアで活躍する水森亜土自身もかわいいアイドルだった。彼女によって一気にかわいいが広まったといえるだろう。

1970年代後半には文字もかわいくなった。山根一眞が『変体少女文字の研究』で明らかにしたように、変体少女文字（いわゆる「まる文字」）が登場するのが1974年であり、70年代後半に急速に普及した。大塚英志の『少女民俗学』のなかでも、1970年代は「少女文化のビッグバン」のとき、「かわいいカルチャー誕生」のときと位置づけられている。かわいい文化が一気に社会の表層に噴出したのが70年代なのである。

その流れは後退することなく、現在に至る。現代日本は、未成熟に関係するかわいいものやこと＝かわいい文化が津々浦々に広まった時代なのである。

> **ワーク4**
>
> あなたが持っているものから「かわいい（もの）」を発見しよう
>
> 　あなたの身につけているものやカバンのなかにあるもので、「かわいい（もの）」をあげてみよう。また、それぞれについて、なぜそれを「かわいい」と感じたのかを書いてみよう。「かわいい（もの）」が見つからない場合は、なぜ見つからなかったのかを考えて、書いてみよう。

> **グループワーク**
>
> 「かわいい」と思う理由について考えてみよう
>
> 　【ワーク4】で書いたことを紹介しあおう。そのうえで、それが「かわいい」と思う理由について、第3節で示したひとつ目の意図からの説明をグループ全員で考えてみてほしい。

4 変化していく風俗と現代的な日本文化

考察したことを理論化して深める

消費社会

　1970年代くらいからとくに少女の間で広まったかわいい文化は、未成熟に大きく関係する。かわいい文化の広まりとは、未成熟を肯定的にとらえるあり方が広まったということでもある。未成熟を肯定するという志向は、欧米における成熟志向とはずいぶん異なる。ではなぜ、日本において1970年代くらいから未成熟なものを「かわいい」といって好み、称揚するようになったのだろう。

　「**消費社会**」をキーワードとするとわかりやすい。1970年代は「少女」市場が拡大されたときと考えられる。つまり、その頃から「少女」が消費社会の担い手として存在感を増してきたということだ。なかでも象徴的な出来事のひとつが、先に示した1974年のハローキティの誕生であることは間違いない。また、1970年3月創刊の女性向け雑誌『an・an』も、消費という観点から見ればとても大きな意味を持っている。『an・an』はファッションやグッズなどの

商品情報を多く掲載したのだが、その商品を掲載する基準は「かわいい」か「かわいくない」かだった（赤木 2007）。1970年代から、少女たちはかわいいものの消費者になっていったのである。

　それを「少女たちはただ消費者になっただけ」と結論づけてしまうとおもしろくないし、物事の半面しか見ていないことになるだろう。彼女たちはかわいいものを購入し、自分のまわりに備えることによって、かわいいものに囲まれ、かわいい文化のなかで過ごすという行動を通じた「自己肯定のマニュフェスト」を表現した。そうした生活スタイルは、「かわいくない」ものやこと、それまでは社会の主要な価値とされてきた成熟や権威のようなツヨイ世界観に対するアンチテーゼでもあったのではないだろうか。

　そして今や「かわいい」は少女だけのものではない。保険のCMにおける「まねきねこダック」（アフラック）やクルマのCMにおける「のってカンガルー」（日産）など、男や大人向け商品にもかわいいキャラクターの使用は珍しくなくなっている。かわいいものは男や大人をも取り込んでいるのである。「かわいい」が社会に浸透していくにつれ、私たちは少しずつではあるものの、ツヨイ世界観から柔軟で軽やかな世界観（ヨワクてもいい世界観）へと歩みを進めている、といったらいいすぎだろうか。

行動様式と生活スタイル　ここまで見てきたことから、「かわいい文化」とは、1970年代くらいからの日本社会における、「小さく幼いもの（＝未成熟なもの）をめでる」行動様式といえそうだ。それは同時に、「小さく幼いものをめでる」行為に意味を与える枠組みともなるだろう。消費社会である現在は、「小さく幼いものをめでる」行為は「もの」を通してなされることが多い。そういう物質的側面を含めた生活スタイルも「かわいい文化」の構成要素である。

　つまり、現代日本に生活する私たちが共有している、「小さく幼いものをめでる」という行動様式、またそれと強く結びついた「小さく幼いもの」の広がりという物質的側面を含めた生活スタイルが「かわいい文化」の正体なのである。これは欧米における成熟志向の文化とは大きく異なり、現代日本に特徴的な文化ということができる。また、「かわいい」に近い意味をもつ言葉は各国

にあるが、ぴったりあてはまるものはないため、「二十一世紀に入って世界的に最も広まった日本語」（櫻井 2009：14）になったのだろう。このように「かわいい」という言葉が日本以外の国でも認知されていることからも、「かわいい文化」は現代的な日本文化と考えることができる。

　この説明はなにも「かわいい文化」に限ったものではなく、「文化」全般にあてはまる。文化とは、ある集団や社会のメンバーが共有している行動様式であり、またそれと強く結びついた物質的側面を含む生活スタイルなのである。そのように考えると、文化とは私たちの「日常生活」の総体のように思えてくる。冒頭で示した『新社会学辞典』の「生活経験の象徴化された形態」の言わんとすることがつかめたのではないだろうか。

　ここまで風俗から文化を見てきた。フランス文学者で現代風俗研究会の初代会長でもあった桑原武夫は、日本が消費社会の入り口に立った1961年に「日本文化を考えるときに、いちばん基本的なことは、日本文化を支えるものとしての日本の社会の変化の速度が世界で最高だという事実です。……これをぬきにして日本現代文化を考えることはできない」（桑原 1963：36-37）と述べている。今でも「変化の速度が世界で最高」かどうかはわからないが、変化していく風俗を見ることは現代的な日本文化を見ることになる。あなたも自分のふだんの生活に目を凝らしてみてはどうだろうか。そうしたなら、「生活経験の象徴化された形態」である文化が、より具体的で身近なものとして理解できるようになるはずだ。

ホームワーク

「かわいい」はなぜ、「自分はこれをいいと思う」という意味で使われるのか
　本文中では詳しく扱えなかった「「自分はこれをいいと思う」という態度表明として「かわいい」が使われる」理由を説明してみよう。その際、ここにあげた文化の定義、すなわち「もの」としての「かわいい」と「行動様式」としての「かわいい」にも言及しよう。

II　身近な文化を問う

キーワード

風俗
　私たちの生活上の習慣・慣行を「習俗」という。習俗のうち、変わらない／変わりにくいものを「民俗」といい、変わりゆく／変わりつつあるものを「風俗」という。たとえば、「お正月」という習俗に関していえば、「そもそもは……」というような説明がなされる宗教的・民俗的な意味は薄れていっているが、コンビニでのおせち料理販売、メールでの年賀状、友人との有名寺社への初詣などの観点から見れば、ますます盛んになっているということができる（井上忠司＋サントリー不易流行研究所 1993）。

考現学
　日常生活における変わらない／変わりにくい「慣習」や「制度」としての文化を研究対象とした民俗学に対して、生活のなかの変わりゆく／変わりやすい「風俗」を対象とする学問。考現学の創始者である今和次郎によれば、考現学という名称は、考古学に対立したいという意識から命名されたものである。今の考現学は柳田国男の世相史とともに「自まえの問題意識と方法に根差した、純然たる「民間日本学」」（鶴見俊輔）といわれている。

消費社会
　産業が高度に発達し、生理的欲求を満たす消費だけでなく、文化的欲求・社会的欲求を満たすための消費が広く行われる社会のこと。フランスの思想家 J. ボードリヤールは、「もの」がそれがもつ効用のためではなく、他の「もの」との関係から生まれる記号的な価値により消費されるような社会を「消費社会」と呼んだ。

ブックガイド

井上俊編『〔全訂新版〕現代文化を学ぶ人のために』世界思想社、2014 年
　現代文化の特徴を、都市、消費、情報という 3 つの要因からとらえた教科書・入門書。ポピュラー音楽、映像、マンガ、スポーツ、ファッションなど、私たちの生活に身近なトピックについての考察がなされている。文化研究の手がかりとして最適な一冊。

工藤保則『カワイイ社会・学——成熟の先をデザインする』関西学院大学出版会、2015 年
　本章で扱った「かわいい（文化）」とは別のものとして「カワイイ（文化）」を取り上げている。洗練されたスマートさや軽みのあるカワイイ（文化）は重厚長大な世界観へのアンチテーゼとしての意味を持ち、これからの社会を変えていく可能性を秘めていることを示している。

ボードリヤール、J.『消費社会の神話と構造』今村仁・塚原史訳、紀伊國屋書店、1979 年
　大量消費時代におけるものの価値とは、ものそのものの価値ではなく、ものに付与された記号にあるとした、消費社会論の代表的著作。商品だけでなく、社会事象や文化にも記号論的分析を行っている点も大きな特徴である。

第6章　ワークシート

1.「現代的な日本文化」を一言で表す言葉を考えてみよう

　伝統的な日本文化には、「わび（侘）・さび（寂）」や「いき」といったような、その特徴を表す言葉があるが、現代的な日本文化にはそのような言葉はないだろうか。思いつくままにあげてみよう。

_____　_____　_____　_____

2.「かわいい（文化）」を主語にした疑問文を作ってみよう

　「考える」というのは、疑問に対して答えていくことともいえる。そこで、「かわいい（文化）」を主語にした疑問文を作ってみてほしい。

_____

3.「街のぶらぶら歩き」のなかに出てきた「かわいい」を分類してみよう

　あなたの考える意味・意図にしたがって「かわいい」を分類したうえで、具体的にどのようなものをどのような基準で分類したかを書いてみよう。

分類A：_____

分類B：_____

基準：_____

4．あなたが持っているものから「かわいい（もの）」を発見しよう

　あなたの身につけているものやカバンのなかにあるもので、「かわいい（もの）」をあげてみよう。また、それぞれについて、なぜそれを「かわいい」と感じたのかを書いてみよう。「かわいい（もの）」が見つからない場合は、なぜ見つからなかったのかを考えて、書いてみよう。

かわいい（もの）	理由
_____	_____
_____	_____
_____	_____

基礎ゼミ　社会学

第7章
私たちはメディアをどう使う？
――情報化、社会的性格

白土由佳

1　情報化とメディアの変容

問いを発見する

メディアを軸にとらえる日常

あなたの日々のメディア利用はどのようなものだろう。起床し、まずは LINE で天気予報を確認するとともに、昨晩からつづいている友人とのやりとりに返信をする。身支度をすませ、大学に向かう途中のカフェで朝食をとる。朝の光に輝くカフェラテとスコーンを Instagram に収め、今日もいい1日のスタートだ。授業開始前、隣の席の友人と、最近 Twitter のタイムラインで話題になったテレビドラマについて話がはずむ。

最近は、自宅でテレビ画面に向かいながら、同時にタイムラインに実況をつづける。たとえリアルタイムに番組を観ていなくとも、タイムラインを追うことで、次の日のコミュニケーションは円滑である。授業後、アルバイト先で知りあった友人らとの食事に向かう。アルバイト終了後も Facebook グループでのつながりを通じて情報交換を行っており、定期的に食事会も催される。

これは、メディアを軸にとらえた、ある大学生の日常である。今日、マスメディアのみならず、ソーシャルメディアなどを通じた情報発信と、それを可能とするネットワーク環境は、日常生活に欠かすことができない存在となった。このようなネットワーク環境は、日本においてはインターネット元年と呼ばれる 1995 年あたりから本格化した。同年に発生した阪神・淡路大震災における安否確認にインターネットが利用されたことに加え、Windows95 の発売で家

庭用パソコンが普及するきっかけとなった。情報通信技術の発展にともなう社会の**情報化**は、人びとのライフスタイルにも大きな影響をもたらした。

> **ワーク1**
>
> **あなたの1日のメディア利用を振り返ってみよう**
> あなたの1日のメディア利用はどのようなものだろうか。具体的な利用例をあげながら、メディアを軸にとらえた自分の日常を振り返ってみよう。

マスメディアとソーシャルメディア　【ワーク1】を他の人と共有するならば、メディア利用の多様性に気づけるかもしれない。たとえば、同じTwitterというソーシャルメディアを取り上げても、1日の終わりに1回まとめて閲覧し投稿する人もいれば、四六時中タイムラインを確認せずにはいられない人もいたのではないだろうか。

社会の情報化を考えるとき、新たな技術の登場によって社会が大きく変容するという技術決定論的な立場もある。だが、【ワーク1】の結果の多様性からもわかるように、技術は、人びとによってじつに多様に使われている。本章では、技術を人びととの関係性のなかで社会的に位置づけられる存在ととらえ（水越 1996）、メディアについて考えていきたい。

あなたが物心ついた頃には、インターネット環境はあたりまえのものだっただろうか。生まれたときからコンピュータやインターネットなどのデジタルメディアに囲まれて育ち、自在に操る世代のことをデジタルネイティブと呼ぶ（タプスコット 2009）。この言葉は、デジタル環境のない時代に生まれ育ち、技術革新にともなうデジタル環境化に順応を迫られた世代と対比して作られた。生まれた頃からデジタル環境に囲まれて育ったデジタルネイティブにとって、コンピュータやインターネットをはじめとするデジタルメディアは、懸命に学びながら使うものではなく、使いこなせてあたりまえの存在である。しかし、このような環境はほんの20〜30年前は一般的ではなかったのだ。

ふだんはあたりまえのものと考えている身のまわりの環境は、社会の情報化にともなった急速な発展の最中にある。かつて、1964年の東京オリンピック

II　身近な文化を問う

によって一般家庭にカラーテレビが普及しはじめ、人びとの生活にテレビは欠かすことのできない存在となった。東京オリンピックは、日本中の人びとと同じ時間に同じコンテンツを観るというマスメディア体験の象徴といえるだろう。

　一方、たとえば Twitter でとあるイベントが話題となったとしよう。しかし Twitter はフォローするユーザー構成によって各々のタイムラインが異なり、必ずしも自分のまわりの話題が世間一般と共通するとは限らない。加えて、Twitter で話題性があるかのように見える出来事も、自分の閲覧のタイミングによってはすでに過去のこととなっている可能性すらある。

　このように、マスメディアは限られた一部から大勢の人びとへ向けた同期的な情報発信である一方、ソーシャルメディアはあらゆる人びとによって情報発信が可能であり、さらに、どのような情報を受信するかや、受信自体のタイミングは各々に委ねられるという非同期的な特性をもつ（濱野 2015）。

> **ワーク 2**
>
> マス／ソーシャルメディアに関する、印象的な経験を振り返ってみよう
>
> 　マスメディア、ソーシャルメディアそれぞれに関して、もっとも印象に残っている自身の経験は何か、振り返ってみよう。それぞれのメディア特性に注目しながら、なぜ印象に残っているのかを考えてみよう。

2　データでソーシャルメディアの役割を知る

問いにしたことを調べる

メディアの位置づけに気づく　【ワーク 2】のねらいは、自分の具体的な経験を振り返り考えることで、日常生活におけるソーシャルメディアの役割や位置づけに改めて気づくことにある。それは、情報化しつづける社会であなたがどのようにメディアとの関係を築いているか、再認識することでもある。

　ここで、マスメディアとソーシャルメディアそれぞれに関して、印象的な経験の例を考えてみよう。マスメディアに関しては、2012 年に京都大学 iPS 細胞研究所所長である山中伸弥教授がノーベル生理学・医学賞を受賞した、iPS

細胞の研究について取り上げよう。ふだんはこのような研究分野に関心のない人でも、テレビで連日報道された内容をある程度覚えてしまったのではないだろうか。幅広い人が同時に視聴するテレビは、研究内容について嚙み砕いて説明してくれる。

つづいて、ソーシャルメディアに関しては、2011年3月11日に起きた東日本大震災について取り上げよう。震災発生直後には東北のみならず関東でも広範囲の停電が起きたことから、状況や安否の確認のため、TwitterやFacebookを活用した人も多いだろう。また、後々振り返ると信じがたいようなTwitter上のデマに踊らされた人も少なくないのではないだろうか。

このように、印象的な経験を例として考えてみると、マスメディアとソーシャルメディアは、それぞれのメディア特性に応じて人びとの日常生活に位置づけられていることが想像できる。前節では阪神・淡路大震災とインターネット利用の関連について言及したが、ソーシャルメディアが社会インフラとして大きな注目を集めたのは、上述した東日本大震災がきっかけであった。通話やメールなどの電話回線を通じたやりとりが不確かな状況で大きな役割を果たしたソーシャルメディアは、それまで普及していなかった層にまで瞬く間に浸透し、震災以降のライフスタイルにも影響を与えた。

本節では、《人びとはどのようにソーシャルメディアを利用しているのか》という問いを設定してみよう。統計データとソーシャルメディア上で交わされるコミュニケーションの実データを活用し、探索的にソーシャルメディア利用のありようを明らかにすることを通じて、今日の社会におけるソーシャルメディアの位置づけを考えよう。

マクロにとらえるメディア利用　ソーシャルメディアの利用に関して考えるとき、自分を起点として身のまわりの実態を注意深く見ていくことは非常に重要である。それは、実感をともなうメディア利用の実態であるといえよう。一方で、自分の身のまわりに世のなかの縮約図が反映されているとは断言できない。そのことは、【ワーク1】の結果の多様性にも表れていただろう。そこで、世のなかのメディア利用に関して、自身の身近なところだけでなく視野を広げて考えるために、メディア利用に関する統計データと、ソー

Ⅱ 身近な文化を問う

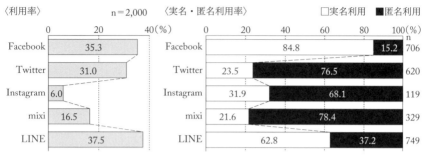

図 7-1 SNS の利用率および実名・匿名利用率（総務省 2015：209）

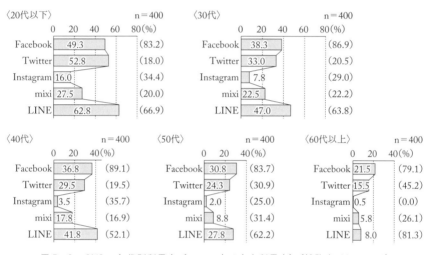

図 7-2 SNS の年代別利用率（カッコ内は実名利用率）（総務省 2015：209）

シャルメディア上で交わされるコミュニケーションの実データを読み解いてみよう。

　統計データとして示すのは、『平成 27 年版　情報通信白書』（総務省 2015）から引用したソーシャルメディア利用に関するアンケート調査の結果である。図 7-1 は SNS の利用率および実名・匿名利用率、図 7-2 は SNS の年代別利用率（および実名利用率）を示している。実データの集計値として表 7-1 に示すのは、ソーシャルメディアの 1 つである Twitter にて「ハマってる」をキーワードに検索した際の品詞別頻出語一覧である。2015 年 12 月 16 日から 29 日

表7-1 Twitterで「ハマってる」を含む投稿の頻出語

	名詞		形容詞		動詞	
順位	語	頻度	語	頻度	語	頻度
1	最近	4,613	ない	1,400	する	11,066
2	今	3,653	いい	1,256	なる	4,573
3	私	1,685	若い	1,236	ある	3,055
4	人	1,673	可愛い	677	言う	2,306
5	完全	1,416	おもしろい	616	見る	1,860
6	マジ	1,311	すごい	523	思う	1,841
7	夢	1,283	楽しい	500	やる	1,519
8	オタク	1,254	良い	496	いる	1,158
9	逆	1,232	面白い	476	行く	765
10	勢い	1,224	嬉しい	468	できる	682
11	女性	1,224	おいしい	461	聞く	670
12	姉さん	1,217	無い	424	買う	645
13	ブーム	1,215	かわいい	338	作る	628
14	チャット	1,214	あったかい	314	わかる	537
15	ゲーム	1,208	欲しい	302	食べる	532
16	俺	1,102	やばい	300	知る	512
17	自分	745	多い	298	来る	453
18	友達	695	よい	264	飲む	449
19	曲	691	さびしい	252	聴く	446
20	彼女	651	長い	187	出る	427
21	今日	544	うまい	184	読む	375
22	アニメ	501	寂しい	179	描く	371
23	大好き	418	悪い	169	使う	335
24	出会い	373	怖い	159	繋がる	321
25	誰	366	高い	141	教える	320
26	ジャンル	360	凄い	138	みる	315
27	あなた	322	早い	137	考える	308
28	沼	312	かっこいい	120	寝る	271
29	君	294	強い	117	分かる	249
30	最高	286	上手い	102	終わる	231

(注）表7-1の作成には，ウェブ上で利用可能なテキストマイニングツール「UserLocal テキストマイニング」（http://textmining.userlocal.jp/）を利用した。環境構築不要で初学者にも利用しやすい本ツールを利用することで，文章を名詞・動詞・形容詞と品詞ごとに自動的に分解することができる。

II 身近な文化を問う

の約 2 週間を期間として、公開アカウントで「ハマってる」を含む投稿をした 24,196 件がデータである。不要語をクリーニングし、名詞、形容詞、動詞の上位 30 語を示している。これらを資料として先に立てた問いについて考えよう。

ワーク 3

ソーシャルメディア利用の特徴をあげてみよう

図 7-1 および図 7-2 には、ソーシャルメディア利用に関する統計データが示されている。実名や匿名、年代、サービス名などさまざまな観点から、読み取れることを書いてみよう。

グループワーク

趣味世界の語りの場としてソーシャルメディアをとらえてみよう

グループになり、表 7-1 に示す頻出語に基づいて、人びとがどのように「ハマって」いることについて語っているのか、品詞別などさまざまな観点から読み解いてみよう。「いつ、誰が、何に対して、どのように」ハマっていることについて語っているのか、Twitter に投稿される文の具体例を 1 人 1 つずつあげてみよう。そのうえで、実際の投稿と照らしあわせて、気づいたことを話しあおう。

3 メディアと社会の関係を考える

調べたことを考察する

ソーシャルメディアの利用のされ方

【ワーク 3】ではどのような発見があっただろうか。もしかしたら、ソーシャルメディア利用率が実感よりも低いと感じた人や、自身の身のまわりの状況と異なりを覚える人もいるかもしれない。

図 7-1 の SNS の利用率および実名利用率を見てみよう。全体では、LINE（37.5％）、Facebook（35.3％）、Twitter（31.0％）と高い利用率を示している。さ

らに、利用に際した実名利用率を見ると、Facebook がもっとも高く 84.8％を示している。一方、Twitter は 23.5％と低い。このことから、利用率自体が同じ 3、4 割を示しても、利用のされ方には差があることがわかる。Facebook が実名利用を推奨していることもあり、多くの人びとにとって、Facebook は実名で使うことが標準的なのだ。これに対して Twitter は、実名利用率がきわめて低く、4、5 人に 1 人のみである。Twitter における実名利用率の低さは、趣味や関心によってアカウントを使いわけることが珍しくないというサービス特性を反映しているのかもしれない。加えて、両サービスを利用している人は、サービスごとに使いわけもしていることだろう。

　図 7-2 の SNS の年代別利用率を見ると、まず、世代が低くなればなるほど各サービスの利用率が高くなることがわかる。ソーシャルメディアは若い世代であればあるほど生活に欠かすことのできない存在となっているのだろう。つづいて、各サービスを見ていくと、20 代以下〜40 代までは LINE の利用率がもっとも高いが、50 代では Facebook に次いで 27.8％、60 代以上ではわずか 8.0％と低い値を示している。LINE はメッセージングがサービスの中心であることから、世代間にメッセージングチャネルの断絶が存在していることが想像できる。今後、50 代や 60 代以降の世代に LINE が広く普及すると、若い世代との家族内コミュニケーションに変容が生まれるかもしれない。

　各サービスの実名利用率と世代間の差違に着目すると、Facebook の実名利用率はどの世代でも 8 割前後と、世代間に違いはない。一方、Twitter の実名利用率は 20 代以下〜40 代では 2 割程度だが、50 代では 3 割、60 代以上は 4 割以上と、世代が高くなるにつれて高くなる傾向がある。年齢層の高い世代に関して考えると、実名利用との親和性の高さが、実名利用を推奨する Facebook の高い利用率における一要因であることが推測できる。

**語りの場としての　　　**　ソーシャルメディアの利用に関する多様性を、世代
**　　ソーシャルメディア**　という観点から見るために【ワーク 3】を提示した。
つづいて、利用のされ方が多様であることを前提とし、実際にソーシャルメディアはどのような語りの場として存在しているのか、【グループワーク】では、ひとつのサービスにおける事例を通じて考えた。

表7-1に示したTwitterで「ハマってる」を含む投稿の頻出語を見ていこう。頻出語を見ていくことで、人びとがどのように、何に「ハマって」いると語っているのか、その特徴をとらえることができる。まず、全体でもっとも頻度が高いのは、動詞「する」の11,066件である。総投稿数は24,196件であることから、半数弱の投稿に出現しているといえる。「〜することにハマってる」のように投稿されているのだろう。

つづいて、品詞順に見ると、名詞では、「最近」「今」がもっとも多く、それぞれ4,613件、3,653件にのぼる。Twitterは、まさに今ハマっていることを書く場なのだ。さらに「完全」「マジ」も1,416件、1,311件と多く、ハマっていることを強調する様が想像できる。さらに、何にハマっているのかということについては、「ゲーム」「曲」「アニメ」などのハマっている対象が多く示されている。人称を見ていくと「私」「俺」「自分」「友達」「彼女」など、誰が、誰と、といった内容があわせて記述されていることが読み取れる。

形容詞を見ると、「いい」1,256件を筆頭に、「可愛い」「おもしろい」「楽しい」「良い」「嬉しい」など、なぜハマっているかを説明するポジティブな表現が多く登場している。また、「若い」も1,236件と多く、「若い人がハマっているという〜」という表現が想像できる。

動詞では、最頻出語の「する」以外を見ると、「なる」が4,573件と多く、「ハマって〜になってしまった」など、ハマる前後の比較を通じた状況説明が推測できる。ほか、「言う」「見る」「思う」「行く」「買う」「作る」「食べる」など、ハマってからとった行動がよくわかる。

このように、Twitterは、「最近」「〜すること」にハマっているという投稿が多くなされる場だということがわかる。それは、Twitterが投稿用テキストボックスに「What's happening？（今どうしてる？）」と投稿を促していることにも起因しているだろう。しかし、何にハマっているか、ハマってどうしたか、という内容については一様ではない。もし、特定のテレビ番組に皆が一様にハマっていれば、その番組名が頻出語となっただろう。そうならないのは、各々が多様な趣味世界を楽しみ、かつ、それがソーシャルメディアに表出されているからである。

ソーシャルリスニング

Twitterの「ハマってる」を含む投稿を例に見ると、ソーシャルメディアが、多様な趣味世界の表出の場として存在していることがわかった。マスメディアは特定の発信者によって同じ情報を多くの人びとに送り届けるが、ソーシャルメディアはふつうの人びとが自由に発信をすることが可能である。それゆえ、発信者の数だけ投稿は多様性を帯び、受信する情報も多様となる。さらに、ソーシャルメディアで誰とつながるか、どのような情報をフォローするかといった、情報受信時の取捨選択も、各々に委ねられている。

このように、ソーシャルメディアを通じたコミュニケーションの特徴のひとつは、マスメディアと異なり、皆が同じ情報を得ているわけではないという点にある。人それぞれのつながりに応じてコミュニケーションが行われ、その結果、人それぞれの「世間」ができ上がる。社会学者の宮台真司は、90年代に若者たちが同じ価値観の人どうしで場を作り上げる「島宇宙化」を指摘した（宮台 2006）。インターネットに支えられ、自由な探索行動を行うことで同じ価値観の人どうしが容易につながることを可能とするソーシャルメディアもまた、そのような島宇宙化を補強するメディアであるといえよう。

ソーシャルメディアは同じ価値観の人どうしのおしゃべりを促進するような側面がある。たとえば、Twitterを通じて同じアニメを好きな人と出会い、アニメ談議に花を咲かせることは珍しくない。そして、同じ価値観の人どうしでつながりあっているからこそ、リアリティのある発言がなされるとも考えられる。このようなソーシャルメディアがつなげる場の特性を活かし、人びとの生の声を聞く「ソーシャルリスニング」が注目されている（ラパポート 2012）。ソーシャルリスニングとは、自然に発生した人びとの会話・行動などを研究し、人びとの実生活に基づいた意見を活用することである。【グループワーク】にて行ったTwitterの投稿内容について読み解くことも、ソーシャルリスニングの第一歩である。

ワーク4

Twitter以外のソーシャルメディアを語りの場としてとらえてみよう
　Twitter以外のソーシャルメディアでは、人びとがどのように「ハマって」

いることについて語っているのか、Facebook や Instagram などで「ハマってる」をキーワードに検索してみよう。投稿の特徴や、メディア間の違いなどについて書いてみよう。

4 人びとによる情報発信とライフスタイル

考察したことを理論化して深める

メディアごとの特性

【ワーク4】ではどのような特徴を見つけることができただろうか。例として、Instagram で「#ハマってる」というハッシュタグで検索してみると、被写体は圧倒的に食べ物が多い（2016年1月14日時点）。とくに、お菓子や飲み物といった、気軽に手にとることができ、かつパッケージも魅力的であるフォトジェニックな対象が多いことがわかる。Twitter と比較すると、Instagram は画像によるメッセージ性を高める必要があることから、ハマっていることのなかでもとくに見栄えのいい対象を選んでいることが推測できる。

ソーシャルメディアについて、おそらく多くの人が、メディアごとの特性を理解しながらも、ふだんは無意識に使いわけをしていることだろう。このようなメディアごとの特性について、メディア研究者である M. マクルーハンは「メディアはメッセージである」と述べた（マクルーハン 1987）。どのような情報を発信するかということと同等、あるいはそれ以上に、どのメディアで発信するかということにメッセージ性があるのだ。さらにメディアは、使う人びとの知覚習慣を変化させ、それは社会の変容へとつながっていく。

メディアとライフスタイル

もう一度、【ワーク1】を振り返ってみよう。ソーシャルメディアは、今日の社会を生きる人びとに対し、自身の生活を気ままに切り取り発信する手段を提供した。そして、人びとによる情報発信は人びとの数だけ多様にあることから、マスメディアから提供されるような画一的な情報の受信ではなく、それぞれの趣味関心に応じた多様な情報の受信をも可能とした。ソーシャルメディアによる多様な情報の発信から受信、それを受けた発信という循環を通じて、人びとのライフスタイルは一様で

はないことが、【グループワーク】および【ワーク4】を通じて見て取れた。

　ここで、メディアとライフスタイルの関係について、歴史的推移を確認しよう。はじめてメディアとライフスタイルの関係について説明をしたのは、アメリカの社会学者D. リースマンであった（リースマン1964）。リースマンは、1950年代のアメリカ社会におけるマスメディアとマスレジャーの普及によって、大衆という存在が生まれ、人びとのライフスタイルが伝統的なものから一気に変容した様を記述した。大衆のライフスタイルが生産から消費へと移行することで豊かな社会が訪れたことを鮮やかに示したうえで、大衆の**社会的性格**について、信念や良心によって行動する内部志向型から、マスメディアなどを基準に消費行動する他人志向型へと推移していることを明らかにした。社会的性格とは、社会的諸集団の経験から生まれた、性格のなかのさまざまな共通部分を指す。

| おしゃべりな
ロングテール |

　情報化の進んだ今日における社会的性格とは、どのようなものだろうか。あなたがソーシャルメディアに投稿する際、つながりをもつ人びとに絶えず見られているという意識はないだろうか。そして、誰かの投稿を眺める際には、それが好ましいかどうか、絶えず判断しつづけているのではないだろうか。今日の社会を生きる人びとにとっては、身近な友人や、趣味縁的なコミュニティから形成されるソーシャルメディア上のつながりが、人それぞれの小さな世間を作り出し、それもまた、行動指針のひとつとなっていると考えられよう。当然、小さな世間は人の数だけ無数にあり、行動指針も多様にある。それゆえ、多様なライフスタイルが形成される。

　かつて、マスメディアを指針にマスレジャーを楽しむ大衆は、リースマンによって孤独な群衆と呼ばれた。そして、その存在は、政治学的な文脈ではサイレント・マジョリティと呼ばれた。大衆はみずから発信する術をもたないためサイレントであるが、大衆というマスとしての塊は、社会文化的な存在として時代をリードする、重要な存在として位置づけられた。サイレント・マジョリティと対比させたかたちで、今日の社会を生きる人びとの社会的性格を、熊坂賢次ほか（2011）は「おしゃべりなロングテール」と呼ぶ。人びとはソーシャ

ルメディアを通じた情報のやりとりというおしゃべりを楽しみ、そして、おしゃべりを楽しむ人びとのライフスタイルは、かつてのマスメディアを指針にした大衆と異なりロングテールの多様性をもつ、という意味である。

　ロングテールとは、コンテンツなどの販売数分布について、販売数量と順位で並べたとき、いくつかのヒットアイテム以外のニッチアイテム群が長く伸びる様を恐竜の尾に見立てた呼び方である。おしゃべりなロングテールという概念は、テール部に位置づけられるような数多の多様なコンテンツの存在を前提とした文化状況に主眼を置いている。かつての大衆にかわり、社会文化的な存在として今日の社会をリードしているのは、おしゃべりなロングテールとしてのふつうの人びとなのである。

ホームワーク

おしゃべりなロングテールとしてのライフスタイルは、どう多様か論じよう
　今日の社会を生きるおしゃべりなロングテールとしての人びとのライフスタイルは、具体的にどのように多様なのだろうか。ソーシャルメディア上の特定コミュニティや特定キーワードに関して語る人びとなどの具体事例をあげ、そこに見て取れる多様なライフスタイルのありようについて論じてみよう。

キーワード

情報化
　技術の進歩によって、生活やコミュニケーションにおいて、情報技術が介在する度合いや重要度が高まること。1960年代における大型コンピュータの導入や、1980年代以降におけるインターネットなどの普及といった新しいメディアの登場とともに語られることが多い。情報化社会との関連においては、広義の情報化として、情報自体の商品化という意味でも用いられる（梅棹 1999）。

社会的性格
　ある集団や階層など社会的諸集団における、性格のなかのさまざまな共通特性を指す。生活や経験を通じて形成される。集団、地域、あるいは国家の性格ととらえることができ、国民性や特定の職業集団らしさが例としてあげられる。このような共通特性は、行動の指針となる対象が何であるかによって、諸集団の価値体系が異なることから生まれると考えられている。

ブックガイド

梅棹忠夫『情報の文明学』中公文庫、1999年
　情報産業論や情報の考現学など、「情報」を軸として多岐にわたるテーマを扱った論文集。情報産業を文明史的に位置づけ、農業の時代、工業の時代、情報産業の時代とわけて考察するマクロな視点から、情報とコミュニケーションのようなミクロな視点までを自在に行き来する。

マクルーハン、M.『メディア論——人間の拡張の諸相』栗原裕・河本仲聖訳、みすず書房、1987年
　技術による人間と社会の変容を主題としている。メディアを人間の感覚能力や運動能力を外化した「人間の拡張」ととらえ、さまざまなメディアについて論じている。彼のメディア概念は一般的なものより広いという点が特徴である。

リースマン、D.『孤独な群衆』加藤秀俊訳、みすず書房、1964年
　1950年代のアメリカ社会にて、人びとのライフスタイルが伝統的なものから一気に変容した様を記述し、人びとのマスメディアなどを基準とした消費行動を社会的性格という概念によって説明している。

第7章　ワークシート

1．あなたの1日のメディア利用を振り返ってみよう

あなたの1日のメディア利用はどのようなものだろうか。具体的な利用例をあげながら、メディアを軸にとらえた自分の日常を振り返ってみよう。

朝：_____　　昼：_____　　夜：_____

_____　　_____　　_____

2．マス／ソーシャルメディアに関する、印象的な経験を振り返ってみよう

マスメディア、ソーシャルメディアそれぞれに関して、もっとも印象に残っている自身の経験は何か、振り返ってみよう。それぞれのメディア特性に注目しながら、なぜ印象に残っているのかを考えてみよう。

マス：_____

ソーシャル：_____

3．ソーシャルメディア利用の特徴をあげてみよう

図7-1および図7-2には、ソーシャルメディア利用に関する統計データが示されている。実名や匿名、年代、サービス名などさまざまな観点から、読み取れることを書いてみよう。

_____

_____

_____

4．Twitter以外のソーシャルメディアを語りの場としてとらえてみよう

Twitter以外のソーシャルメディアでは、人びとがどのように「ハマって」いることについて語っているのか、FacebookやInstagramなどで「ハマってる」をキーワードに検索してみよう。投稿の特徴や、メディア間の違いなどについて書いてみよう。

_____

_____

_____

基礎ゼミ　社会学

第 8 章
性を意識するのはどんなとき？
── ジェンダー、性別役割分業、セクシュアリティ

米澤　泉

1 ジェンダーを着る

問いを発見する

|女らしいファッション、男らしいファッション|　明日は気になる相手とはじめてのデート。こんなとき、女性ならばどのような服を選ぶのだろうか。やっぱりスカートをはくべきか。とりあえずパンツとレギンスはやめておいたほうが無難かな。このあいだ買ったばかりの黒いワンピースにしようか。でも、黒い服はきつい印象を与えるって『CanCam』に書いてあったしな。白のワンピースが無難かも。と迷ったあげく、結局ふだんの自分よりも少しキレイめで上品な、「女らしい」ファッションに落ち着くのではないだろうか。

　逆の立場で考えてみよう。男性ならば、どのような服を選ぶのだろうか。別に男だからいつもどおりでいいか。いや、まったく服装に気を遣ってないと思われたら嫌だな。やっぱり、カッコよく思われたいな。と思い悩んだ結果、髪型にこだわったり、いつもより足が長く見えるパンツをはいてみたり、「男らしい」と思われるファッションを選ぶのではないだろうか。

　ほんとうは黒い服が着たいのに、あえて白い服を着てデートに臨む女の子と、面倒くさくてしかたないのにおしゃれに気を遣う男の子。なぜ、私たちはそんなことをするのだろうか。ふだんの自分よりもよく思われたい、理想の姿に近づきたいという思いがそうさせるのか。

　社会学者の E. ゴフマンは、広告に現れる男女の姿を分析し、そこに現実よりも誇張された男女の姿が描かれていることを指摘した（Goffman 1979）。それ

は現実の男女の姿というよりも、私たちが「男らしい」「女らしい」と考える「理想」(幻想)の男女の姿であった。

> **ワーク1**
>
> 女らしいファッション、男らしいファッションとは？
> 　「女らしい」ファッションとはどんな格好だろうか、「男らしい」ファッションとはどんな格好だろうか。それぞれ考えてみよう。

生き方を表現する女性ファッション誌　上の例からも、私たちは理想的な「男らしさ」や「女らしさ」をつねに自己演出し、男や女という役割を演じているといえるだろう。そして、ファッションとはその最たる手段であり、私たちは「男らしさ」や「女らしさ」という**ジェンダー**をファッションによって着ているともいえる。【ワーク1】ではどんな格好があがっただろうか。スーツやネクタイは「男らしさ」を際立たせ、ワンピースやリボン使いは「女らしさ」を醸し出すというように、ファッションがジェンダーの理想像をどのように作っているかに思いをめぐらせることはできただろうか。

　ファッション雑誌にもまた、「理想」の男女が登場する。「男らしい」ファッションや「女らしい」ファッションを身につけたモデルが、理想的な「男らしさ」や「女らしさ」を教えてくれる。場合によっては、こんな格好をすれば、こんなことをすれば、モテますよ、愛されますよ、結婚できますよ、結婚生活がうまくいきますよ、と指南してくれるのだ。

　ところで、あなたはファッション誌をきちんと読んだことがあるだろうか。ある人もない人も、一度、書店やコンビニでファッション誌のコーナーをじっくりと眺めてみよう。雑誌の発行部数は年々減少しているが、現在でも書店の華やかな位置に陣取っているのが数多くの女性ファッション誌である。女子大生向け雑誌、20代OL向け雑誌、30代主婦向け雑誌、40代キャリア女性向け雑誌というように、年代だけでなく、既婚か未婚か、子どもの有無、職業などによって事細かにターゲットが定められている。

　これに対して、男性ファッション誌はそれほど数が多くないようだ。男性

ファッション誌もそれなりの一角を占め、年代やファッションの系統によって多少のバリエーションはあるものの、女性ファッション誌の数にはとうてい及ばない。

> **ワーク2**
>
> **女性ファッション誌が男性ファッション誌よりたくさん存在するのはなぜか**
> ファッション誌が理想的な男女の姿を映し出しているならば、なぜ、男性ファッション誌よりも女性ファッション誌のほうが圧倒的に多いのだろう。

2 ファッション誌を読んでみよう

問いにしたことを調べる

女性誌の選択は生き方の選択?　かつて心理学者の小倉千加子は、「大学生のときになんの雑誌を読んでいるかで、その人の十年後の生き方はある程度想像がつく」(小倉 2007：61) と述べた。つまり、『an・an』を読んでいた人と『JJ』を読んでいた人では、10年後に異なった生き方をしているということだ。たしかに、スマートフォンやSNSが普及する以前に大学生だった世代にとっては、雑誌の選択は生き方の選択を意味していたという実感がある。実際、1980年代から90年代にかけての『an・an』は自立志向が強く、専業主婦志向の強い『JJ』と対立していた。したがって、『an・an』を読んでいれば自立した女性に、『JJ』を読んでいれば専業主婦になる確率が高かった (米澤 2010)。しかし、これは男性にはあてはまらない。大学生のときに『POPEYE』を読んでいれば、起業したり、『MEN'S NON-NO』を読んでいたからといって、「専業主夫」をめざすわけではないだろう。

このことが【ワーク2】で考えたファッション誌の数と関係があるのだろうか。女性のほうが理想像がたくさんあるということなのだろうか。あるいは女性がファッションで理想像を描くように幼い頃から習慣づけられているということなのだろうか。本章では、その答えを探るために、《**女性ファッション誌は女性のどんな生き方を描いているか**》という問いを立て、現在発行されているファッション誌を分析していくことにしよう。

II 身近な文化を問う

どんなファッション誌があるか

現在、女性ファッション誌（女性誌）は月に100誌以上発行されているので、そのすべてを網羅するのは困難である。そこで、光文社、小学館、宝島社という大手出版社から発行されているファッション誌に限定して、話を進めよう。いずれも、20代から50代までの幅広い年代の女性に向けたファッション誌をそれぞれ出版している。

ホームページなどを検索して、各出版社のファッション誌を見てみよう。光文社であれば、『JJ』『CLASSY.』『VERY』『STORY』『美ST』『HERS』といった誌名があがるはずだ。また、小学館ならば『CanCam』『Oggi』『Domani』『Precious』などが、さらに、宝島社においては、『steady.』『SPRiNG』『sweet』『InRed』『GLOW』『otona MUSE』『リンネル』『大人のおしゃれ手帖』などの誌名が並んでいるだろう。

もちろん、これでファッション誌のすべてが網羅されているわけではないが、各出版社がさまざまな女性ファッション誌を発行していることに改めて気づいたのではないだろうか。光文社、小学館、宝島社のいずれも主要なターゲットを想定し、それに向けた雑誌を出している。

『VERY』2014年3月号
光文社

『Domani』2016年6月号
小学館

『GLOW』2016年5月号
宝島社

II　身近な文化を問う

> **ワーク3**
>
> 『VERY』『Domani』『GLOW』の想定読者は誰か
> 　『VERY』『Domani』『GLOW』の表紙を参考に、これらのファッション誌は、どのような人物を読者として想定しているか、それぞれ書き出して比較してみよう。

3　どんな生き方を描いているか

調べたことを考察する

生き物としての雑誌　　出版社は年代ごとに、結婚、子どもと仕事の有無や軸足の置き方などによってさまざまに分類された読者を想定している。まだ生き方が定まっていない20代のときに囲い込みを行い、その後読者の年齢が上がりその雑誌を卒業することになっても、また卒業生のための雑誌を新たに用意することで、結果的に女性のライフコース（⇨第2章キーワード）を描いている。

　つまり、結婚願望が強く（専業）主婦志向の女性をターゲットとするか、あるいは経済的な自立志向が強くキャリア志向の女性をターゲットとするか、または両方を視野に入れてどちらも読者層に取り込むのか、あるいはどちらにもあてはまらない女性をフォローするのかなど、そこに各出版社の戦略を読み取ることができるのだ。このように今でも女性ファッション誌は女性の生き方と深く結びついており、現在読んでいる雑誌で10年後の自分を想像することができる。女性ファッション誌の種類が男性ファッション誌に比べて圧倒的に多いのは、それだけ女性のライフコースが多いことを意味するのかもしれない。

　もちろん新雑誌の創刊が、ただちに新たなライフコースの創出につながるわけではない。「ある雑誌をこの世に出現せしめたものは、もちろん出版社ないし編集者たちの情念であり、執念であろう。だが、その雑誌のありようや成り行きを直接・間接に左右していくのは読者たちであり、より大きくとればそのときどきの社会意識および「時代精神」なのである」（難波 2009：18）。つまり、新しい雑誌を読者たちが共感して受け入れ、支持しつづけるか、結果的に新た

なライフコースを生み出すに至るのかは、社会意識や時代精神にかかっている。雑誌はそれをなぞっているにすぎない。

しかし、長年発行されているということは、それだけ人びとに支持され、その雑誌が今という時代を生きつづけているという証(あかし)でもあり、それを分析することは、生き物としての雑誌の「生態学」(浜崎 1998)ともいえるのである。

「新・専業主婦」から働くママへ

ここからは、【ワーク3】で読みとったことを中心に考察してみよう。

結婚を重視し、男は仕事、女は家事・育児という**性別役割分業**に忠実なファッション誌を作っているのが、光文社である。光文社は、1975年に女子大生のためのファッション誌『JJ』を世に出した。そして、お嬢様ブームが起こった1984年には20代の未婚女性のために『CLASSY.』を創刊したのである。『JJ』も『CLASSY.』も、どうしたら男の子にモテるのか、「幸せな結婚」ができるのかをファッションを通して描いてみせた。パンツよりもフレアスカート、黒よりもパステルピンク、ショートヘアよりロングヘア。それが「女らしい」JJガールのファッションであった。

1995年には、学生時代に『JJ』を読み、みごと「幸せな結婚」をつかみ取った30代の裕福な専業主婦のために『VERY』を創刊した。【ワーク3】では、「オシャレも"賢妻"ブームです!」という見だしに加え、「乳幼児ママ」「幼稚園別……コーデ」「デザインコンシャスな学習机」などのキャッチコピーから、ファッションに敏感な子育て期の女性を読者として想定していることがわかっただろうか。

創刊時の『VERY』は、「男は仕事と家事、女は家事と趣味的仕事」という新・性別役割分業に基づく「新・専業主婦」志向を生み出しており、専業主婦の新しいあり方を提示したといえる。趣味的仕事とは、家計のためではなく、料理やフラワーアレンジメントといった趣味の延長線上にある収入を度外視した労働を指す。しかし、どれほど趣味的仕事で成功しようとも、彼女たちの本業はあくまでも主婦であり、それは現在の『VERY』のキャッチフレーズである「基盤のある女性は、強く、優しく、美しい」にも表れている。結婚という「基盤」があるからこそ、女は「強く、優しく、美しく」いられるのだという

ことを、『VERY』は毎号のファッションを通して、読者に説いていく。

しかし、創刊から20年以上のときを経て、『VERY』に描かれる主婦像も変わってきた。社会情勢の変化もあり、「新・専業主婦」ではなく「働くママ」が増加し、母として幼稚園に着ていくワンピースだけでなく、仕事にふさわしいパンツスタイルも紹介されている。『VERY』な主婦も待機児童問題や男性の育児参加に無関心ではいられなくなったのである。

そこに登場してきたのが、理想的な夫「イケダン」である。「イケダン」とは、「仕事はもちろん全力投球、そのうえで妻や子どもへの気遣いも忘れていないイケてる旦那さま」を指す。ゴミ出しや風呂掃除はもちろん、平日は子どもを送り迎えし、休日は子どもを公園で遊ばせる。しかも、「イケダン」である以上、外見にも気を遣わなくてはならない。『VERY』には「送り迎えイケダン」のファッションをチェックするページまであるのだ。

時代とともに、男は仕事、女は家事・育児という従来の性別役割分業が、主婦をターゲットとした雑誌においても揺らいできていることがわかるだろう。

男女雇用機会均等法とキャリア女性

一方、結婚という「基盤」に頼らず、むしろ仕事を「基盤」として生きようとする女性たちを応援しているのが、キャリア女性のための一連のファッション誌である。小学館は『CanCam』のようにモテることや「女らしさ」を重視し、光文社の専業主婦志向にも通じるファッション誌を発行する一方で、働く女性のためのファッション誌を早くから用意していた。1991年には20代の働く女性をターゲットにした『Oggi』を、その5年後の1996年には、30代の働く女性に向けて『Domani』を創刊している。

【ワーク3】で参照した『Domani』の表紙からは、3か所に登場する「35歳から」という年齢以外にも、「休む日」「働く日」というように時間ではなく日単位で毎日働くことを意識した見出しや、さらに「家事・掃除「代行サービス」」に関する記事などキャリア女性を読者として想定していることがわかるだろう。

男女雇用機会均等法（以下、均等法とする）が施行され、男性と同じように働く総合職の女性が誕生したのが、1986年である。均等法とは、募集や採用、

昇給や昇進などにあたって男女の差別をしてはならないという法律であり、これで建前上は、男性と同じように女性が働ける時代がやってきたということになる。

　均等法以降、20代、30代とキャリアを重ねた女性たちが40代にさしかかる2003年には、彼女たちに向けた『Precious』が創刊されていることからも、小学館が、20代から50歳近くに至るまで仕事に軸足を置いて生きようとするキャリア女性のライフコースを描きつづけていることがわかる。「しごとなでしこ」キャンペーンを行うなど、今後も小学館は働く女性をターゲットにファッション誌を作りつづけていく姿勢を明らかにしている。

　一方で均等法は、結果的に女性を2種類にわけることになった。均等法の成立とともに、多くの企業が同時に制定されたコース別人事採用制度を導入し、社員を総合職（幹部候補生）と一般職（補助業務をする人）にわけて採用したのである。つまり、男性並みに「バリバリ」働く女性（総合職）と「女らしさ」を大切にして「ほどほどに」働く女性（一般職）にわけたのだ。言いかえるなら、パンツスーツにショートカットでキャリアをめざすか、ワンピースにロングヘアでマダムをめざすか、というように女性を2種類にわけたということになるだろう。

　このような制度が、1990年代に入って、『VERY』のような従来の性別役割分業に基づく雑誌の創刊と、「新・専業主婦」への憧れを助長したともいえるだろう。1990年代における一連のキャリア女性向けファッション誌の台頭と「新・専業主婦」志向のファッション誌の誕生は、表裏一体の出来事なのである。

　こうして、1990年代以降は、ファッション誌においても女性たちのライフコースがますます明確にわけられていく。「女の子には出世の道が二つある。社長になるか、社長夫人になるか？」（斎藤2003）。キャリアになるか、マダムになるか。それが問題となったのである。

「大人女子」の誕生

　しかし、本格的なキャリアもなく、妻でもなく、母にもならないまま30代、40代を迎えた女性たち、あるいは、離婚したり、シングルマザーである30代、40代女性はどのような雑

誌を読めばよいのだろうか。

　そこに登場してきたのが、2000年代以降にめだつようになった宝島社のファッション誌である。20代後半〜30代向けの『sweet』、30代向けの『InRed』、40代向けの『GLOW』、いずれの雑誌においても表紙に、主婦や妻、結婚、キャリア、仕事などの文字が見られない。【ワーク3】で参照した『GLOW』の表紙に登場する「大人女子」は、『VERY』の主婦、『Domani』のキャリア女性のように、特定の立場、ライフスタイルに読者が限定されず「オバちゃん、魔女と呼ばれるよりも！　なんか素敵♡大人女子」入門。」とうたっている。

　「ツヤっと輝く、大人女子力！」は『GLOW』のキャッチコピーであるが、この雑誌は創刊時の2010年より、小泉今日子やYOUといった年齢不詳で自由なイメージの女性を理想的なキャラクターに想定し、「大人女子」「40代女子」をコンセプトに掲げていた。最初に大人の女性に対して、「女子」や「女の子」と呼びかけたのも、同じ宝島社から発行されている『InRed』や『sweet』である。

　1999年に創刊された『sweet』のコンセプトは、「28歳、一生女の子宣言！」であった。28歳という、そろそろ「大人」にさしかかる年齢の女性たち、言いかえるなら結婚や出産という選択を迫られる年齢の女性たちに対して、「一生、女の子」でいることを提唱したのである。

　「好きに生きてこそ、一生女子！」この『GLOW』創刊号（2010年12月号）の見出しは、まさに多様化する女性のライフコースを表している。

　国立社会保障・人口問題研究所の調査では、2010年の時点ですでに30代前半の女性の未婚率は、30％を超えていた。つまり、30代前半の女性の3人に1人はシングルであり（男性は約半分が未婚）、50歳の時点で一度も結婚していない生涯未婚率も男性で2割、女性で1割に達しており、その後も上昇傾向がつづいている（国立社会保障・人口問題研究所 2012）。

　30代にもなれば、みんなが結婚して、主婦となり母となる「皆婚」時代は終わりを告げたのであり、今後も未婚率はますます上昇し、非婚化が進むことが予想される。そのような時代において、「好きに生きてこそ、一生女子」をキャッチフレーズに、妻でもない母でもない「大人女子」像を生み出した宝島

社の雑誌は、専業主婦、キャリアに次ぐ、「大人女子」という第三のライフコースを切り開くとともに、性別役割分業に縛られることなく、多様化する女性の生き方を肯定する役割を果たしているといえなくもない。

> **ワーク4**
>
> 主婦型、キャリア女性型、「大人女子」型ファッション誌が描く女性像とは？
> 　上記3つのタイプのファッション誌はどんな女性像を描いているか、それぞれ代表するファッション誌を1誌以上あげ、そのライフコースを比較してまとめてみよう。

> **グループワーク**
>
> 『VERY』の特集記事を考えてみよう
> 　【ワーク3】で書き出した3誌のうち、30代の主婦向け雑誌である『VERY』に注目してみよう。『VERY』に登場する主婦はどのようなファッションに身を包み、どのような暮らしをしているだろうか。また、グループごとに『VERY』編集部を結成したと仮定し、自分たちで『VERY』の特集記事を考えてみよう。

4 ライフコースは多様化するか

考察したことを理論化して深める

根強い良妻賢母規範　このように時代とともに、女性のライフコースが多様化するにしたがって、ファッション誌の幅も広がってきた。

　それでも、いまだに性別役割分業を踏襲する良妻賢母タイプのファッション誌の人気が衰えたわけではない。均等法から30年が経過したとはいえ、依然女性が仕事と家庭を両立していくのは困難であり、女性総合職1期生のうち8割の女性が結果的に離職している（『東京新聞』2016年1月26日朝刊）。このような現実が専業主婦志向への回帰を生むという面もあるだろう。

また、「3歳児神話」「母性神話」に基づく良妻賢母規範が、「「家族が一番、仕事が二番」の私たち」（『VERY』2009年3月号）というように、自主的に「マミートラック」（子どもをもつ母親が仕事と育児の両立と引き換えに昇進や昇格を断念せざるをえない働き方をすること）を選択させ、結婚して家庭に「基盤」を置くことが女性の幸せであるという価値観をいまだに根強く蔓延させているという面もあるだろう。

一夫一婦制はほんとうに幸せか

　2000年代のはじめにエッセイストの酒井順子はいくら仕事で成功しても、未婚で子どもがいない30歳以上の女性は「負け犬」である（酒井 2006）と自嘲的に述べた。（経済的に）頼りになる夫がいて、その夫をサポートする（専業）主婦の妻がいて、子どもたちが2人いて、愛情に満ちあふれた幸せな家族という理想を今もなお多くの人が抱いており、それは『VERY』のようなファッション誌によって可視化されている。

　このことが、もし結婚して子どもをもつことが幸せ＝正しい生き方であり、ひいては生殖に結びつく一夫一婦制の異性愛カップルだけが「正常」な**セクシュアリティ**、性的な欲望のあり方であるという考えを導いてしまうのであれば問題であろう。

　そういった問題を意識しているためか、昨今の『VERY』では、「もしも女性を愛するようになったら……？　「ママが2人」という新しい家族のカタチ」（『VERY』2016年2月号）などと題した同性カップルの子育て記事も掲載されるようになった。しかしまだまだ単発のトピック的な扱いであり、あいかわらず、誌面には夫と子どもに囲まれた「幸せ」なVERY妻が微笑んでいる。

　もっとも、この「幸せ」なVERY妻とて、ほんとうに「幸せ」なのかどうかは、わからない。家事や育児のために「マミートラック」を選ばざるをえなかったかもしれないし、女性の昇進を阻む「ガラスの天井」（企業内において女性やマイノリティの昇進を阻害する、見えないが打ち破れない壁）にぶつかってしまったのかもしれない。また、専業主婦としての日常に疑問を感じているかもしれない。

　第2次世界大戦後の1950年代に、女性活動家のB.フリーダンはアメリカ

郊外の一軒家に暮らす裕福な専業主婦の悩みを浮き彫りにした（フリーダン 2004）。妻となり母となって幸せなはずなのに満たされないのはなぜなのか。フリーダンが提起した「名前のない問題」は世界的に広く認識されるようになり、日本ではウーマンリブ運動として、従来の「女の幸せ」と考えられてきた結婚や家族に対して鋭い批判の目を向けていくことにつながった。21世紀のVERY妻も、いまだに「「家族の幸せ＝私の幸せ」 ただそれだけでいいのか不安になります」（2016年7月号）というように悩んでいるのであり、妻でもない、母でもない私はどこにいるのかという「名前のない問題」はまだ息づいている。

女と男のライフコースは変化するか　女性ファッション誌は、女性の生き方の変化とともに、変化してきた。女性たちに寄り添い、背中を押してきたのである。「VERY妻」、「キャリア女性」、「大人女子」。さまざまな女性ファッション誌の姿は、女性のライフコースがそれだけ多様化したことを示している。「好きに生きてこそ、一生女子」を掲げた「大人女子」のように、従来の女性像を相対化し、女性たちがより自由にみずからのライフコースを選択できることを後押しする雑誌が今後ますます求められるのではないだろうか。

　一方で、男性ファッション誌も男性のライフコースの変化にともない、もっと多様化すべきであろう。「これまで男性の人生は、「卒業→就職→結婚→定年」という一本道を通っていくようなものでした。しかし、日本の現状では、この道を歩けること自体が一種のステータスになってしまっています」（田中 2015：5-6）。このような時代においては、従来の「結婚して家族を養ってこそ一人前の男である」といった価値観も見直しを迫られている。しかしながら、日本では、「男は仕事」という性別役割分業がいまだに強固であり、非正規雇用で働く男性や「専業主夫」を望む男性はなかなか受け入れられないという現実がある。『VERY』の「イケダン」も、「仕事はもちろん全力投球」でなければならないのである。

　まだまだ私たちは「男らしさ」「女らしさ」という性別役割分業意識にとらわれているのである。そのような状況下では、家庭と仕事の両立に悩む女性と同様に、仕事と家庭の両立に悩む男性が今後もいっそう増加するに違いない。

Ⅱ　身近な文化を問う

女は家事と育児と仕事。男も仕事と家事と育児の間を揺れ動いている。キャリアダウンもいとわず柔軟な働き方をする「ワーパパ」や「専業主夫」が表紙を飾る男性ファッション誌が登場する日はくるのだろうか。

> **ホームワーク**
>
> **女性ファッション誌・男性ファッション誌は今後どう変化するだろう**
>
> 　今後、女性ファッション誌はどのように変化するだろうか。あるいはどのような男性ファッション誌が求められるだろうか。性別役割分業というキーワードをもとにまとめてみよう。できれば、その新雑誌に名前をつけ、表紙を描いてみよう。

> キーワード

ジェンダー

　社会的に作られた言語によって男と女という性別のカテゴリーに人間集団をわけていく力。ジェンダーは男と女はどうあるべきかを決定し、儀礼や慣習を通じて私たちの社会関係や社会システムを作り上げている。

性別役割分業

　近代家族においては、父親であり夫である男性は稼ぎ手、母親であり妻である女性は専業主婦であることが標準となった。このように、性によって男は仕事、女は家事・育児というように各々の役割が決められていることを性別役割分業という。近年は、従来の性別役割分業が揺らいでおり、女（妻）が稼ぎ手であり、男（夫）は家事・育児を担うという「専業主夫」も見受けられるようになった。

セクシュアリティ

　ジェンダーが男と女という2つの性別に人びとをわけていく力だとすれば、セクシュアリティは、性に関する身体の機能（どのような身体をもっているか）とイメージの総体（どのような性的な欲望をもつかという性的志向も含まれる）を指す。ジェンダーの影響が強いこの社会では、セクシュアリティもジェンダーによって規定されてしまう面がある。

> ブックガイド

宮台真司・辻泉・岡井崇之編『「男らしさ」の快楽――ポピュラー文化からみたその実態』勁草書房、2009年

　ファッション、格闘技、ラグビー、鉄道ファン、ロック音楽などの具体的な事例を取り上げ、それぞれの「快楽」の実態を内在的かつ詳細に記述しながら、「男らしさ」をとらえ直している。男性の生き方が多様化するなかでどのように対処し、生き抜いていけばよいのかを探る試み。

千田有紀『日本型近代家族――どこから来てどこへ行くのか』勁草書房、2011年

　夫、妻、子どもからなる「幸せな家族」というものがいかに作られ、いかに解体されていったのか。日本における近代家族の歴史をたどることで、理想の家族像がどのような意図に基づいて志向されてきたのかがよくわかる。

フリーダン、B.『新しい女性の創造（改訂版）』三浦冨美子訳、大和書房、2004年

　頼りになる夫とかわいい子どもに囲まれ幸せなはずなのに、満たされない――専業主婦の悩みは、第2次世界大戦後のアメリカと21世紀初頭の日本に共通しているのか。「女の幸せ」とは何かを考えるきっかけとなる書。

第8章　ワークシート

1．女らしいファッション、男らしいファッションとは？

「女らしい」ファッションとはどんな格好だろうか、「男らしい」ファッションとはどんな格好だろうか。それぞれ考えてみよう。

「女らしい」ファッション：＿＿＿＿＿＿＿＿＿＿＿＿＿＿＿＿＿＿＿＿＿＿＿＿＿＿＿＿＿＿＿

「男らしい」ファッション：＿＿＿＿＿＿＿＿＿＿＿＿＿＿＿＿＿＿＿＿＿＿＿＿＿＿＿＿＿＿＿

2．女性ファッション誌が男性ファッション誌よりたくさん存在するのはなぜか

ファッション誌が理想的な男女の姿を映し出しているならば、なぜ、男性ファッション誌よりも女性ファッション誌のほうが圧倒的に多いのだろう。

＿＿

＿＿

3．『VERY』『Domani』『GLOW』の想定読者は誰か

『VERY』『Domani』『GLOW』の表紙を参考に、これらのファッション誌は、どのような人物を読者として想定しているか、それぞれ書き出して比較してみよう。

『VERY』：＿＿＿＿＿＿＿＿＿＿＿＿＿＿＿＿＿＿＿＿＿＿＿＿＿＿＿＿＿＿＿＿＿＿＿＿＿＿

『Domani』：＿＿＿＿＿＿＿＿＿＿＿＿＿＿＿＿＿＿＿＿＿＿＿＿＿＿＿＿＿＿＿＿＿＿＿＿＿

『GLOW』：＿＿＿＿＿＿＿＿＿＿＿＿＿＿＿＿＿＿＿＿＿＿＿＿＿＿＿＿＿＿＿＿＿＿＿＿＿＿

4．主婦型、キャリア女性型、「大人女子」型ファッション誌が描く女性像とは？

上記3つのタイプのファッション誌はどんな女性像を描いているか、それぞれ代表するファッション誌を1誌以上あげ、そのライフコースを比較してまとめてみよう。

＿＿

＿＿

＿＿

＿＿

基礎ゼミ　社会学

第9章

エスニシティは身近にある？
―― グローバリゼーション、エスニシティ、民族関係

挽地康彦

1 「外国人」は身近にいる？

問いを発見する

|グローバル化する日常生活｜　コンビニに入ると、外国人の店員を見かけることがないだろうか。買い物客としてレジで接したことのある人もいれば、アルバイトの同僚として一緒に働いたことのある人もいるかもしれない。とりわけ、それが都市にある場合は、外国人の店員が接客するのは珍しいことではなくなっている。

　コンビニ店員として働くのは留学生が多いと思われるが、日本に暮らす外国人にはほかにもいろんな人たちがいる。大学や語学学校で教える教員から、プロ野球やJリーグで活躍するスポーツ選手。またIT企業で働く技術者がいれば、出身国で役立てるために日本で技能や知識を学ぶ技能実習生もいる。もちろん、労働者に限らず日本人と国際結婚した外国人や、日本で生まれ育った外国籍の子どもたちも少なくない。

　今日では200万人を超える外国人が日本社会に暮らしており、あなたの生活とも密接にかかわっている。コンビニを支えているのも、店内でレジ担当として働く外国人ばかりではない。日本の農地や工場で商品を生産する外国人労働者もいるのをご存じだろうか。コンビニのお弁当を例にとれば、レタスやキュウリの産地でフィリピン人や中国人の技能実習生がサラダの野菜を収穫し、バングラデシュ出身のベテラン従業員がプラスティック工場でお弁当のケースを作り、そして日系2世のブラジル人がお弁当工場で深夜に総菜を盛りつけて

いたりするのである（移住労働者と連帯する全国ネットワーク編 2012）。

コンビニの舞台裏からもわかるように、日常生活の大部分はグローバル化している。そこが都市であれ地方であれ、情報メディアや市場経済、文化や消費、人の移動や移住といった私たちを取り巻く環境は、すでに**グローバリゼーション**の影響下にあるのだ。

ワーク1

あなたにとって「外国人」とはどんな人だろう

「外国人」とはどんな人なのか。あなたは何をもって「外国人」と判断するのだろうか。自分なりに考えて書いてみよう。

身近でない現実へどのように迫るか　外国人店員に接客されたとして、そこから何が考えられるだろうか。身近な出来事から何かを考えることは意外と難しい。外国人がお弁当を作っていることをはじめて知った人も、ただ驚いただけかもしれない。それゆえ、とりとめのない経験から何かを考えたり、ある情報から問いを発見したりするためには、そうした出来事をできるだけ複数の角度から考えることが必要となる。ここでは、先に紹介したコンビニの事例を使って、いろんな見方から考えるための視点の移し方を紹介しよう。

まず、①コンビニで外国人の店員をよく見かけるとすれば、スーパーやファミレスなどほかの小売業・飲食業の店ではどうなのか、②そのコンビニが都市にある店だとしたら、地方のコンビニでも同じ状況なのか、というように、類似するケースがないかを探る。次に、③それが都市に特有の現象であれば、アルバイトを求める外国人が多いからなのか、それとも企業が競争力を維持するために雇用した結果なのか、と外国人の行動と企業の動向の両方に目を向けてみる。そして、こんどは働き方にも焦点をあてて、④外国人が働いているのは店内だけなのか、店外で商品生産にたずさわっている外国人もいるのではないか、⑤もしそうだとしたら、それぞれの外国人の立場の違いは何か、と問いをつなげてみる。

このように問いを展開していけば、次から次へと、ひとつの場面から外国人

の置かれた「見えない現実」へと迫っていくことができるようになる。以上の流れに加えて、⑥コンビニなどのサービス業のみならず、農業や製造業でも外国人が働いていれば、なぜそれらの産業で雇用のグローバル化が進んでいるのか、⑦もし日本人の労働力不足によるものだとしたら、その不足は何が原因で生じているのか、と考えを進めていく。そうすると、産業界だけでなく日本の地域社会の現状にまで議論が及んでいくのがわかるだろう。

> **ワーク 2**
>
> コンビニを支える外国人の例で、あなたはどの問いに関心をもったか
> あなたが関心をもったのは、①〜⑦のどの問いだろうか。また、なぜその問いに関心をもったのか、理由もあわせて考えてみよう。

2 新聞記事から共生の条件を探る

問いにしたことを調べる

外国人は日本人とどのような関係にあるか　前節では、主に外国人の就労に注目したが、日本に暮らす外国人をめぐる現実はもちろん就労だけではない。したがって、【ワーク2】のねらいは、外国人の置かれた「見えない現実」に迫ることで、外国人がどのように暮らしているかを想像し、考えることにあった。それは、あなた自身を含め、日本社会が外国人をどのような存在として見ており、日本人住民は外国人住民とどのようにかかわっているのかを考えることにもつながる。

　ここでは、日本に暮らす外国人の現実から導き出しうる複数の問いのなかから、《外国人は日本人とどのような関係を結んでいるか》という問いを設定してみよう。その理由は、外国人にとっても、日本人にとっても、共に生きやすい社会をつくるための条件を考えるためである。

新聞記事を使って調べる　日本に暮らす外国人は、日本人とどのような関係を結んでいるのか、その実態を調べることで、外国人と日本人が共生する条件を模索できる。そこで本節では、外国人と日本人の関係

Ⅱ　身近な文化を問う

を考える材料として、取材記録としての性格をもち、かつ比較的入手しやすい情報源でもある新聞記事を採用しよう。以下の４つの新聞記事のうち、１と２は外国人実習生と実習先での日本人との関係を物語る対照的な内容となっている。そして、３と４は日本人との関係次第で「多民族コミュニティ」（複数の民族が混住する地域社会）の状況が変わることを示している。これらの資料を用いて、「外国人は日本人とどのような関係を結んでいるか」を考えるための作業を行っていく。

記事１

　外国人の技能実習制度で「失踪」が相次ぐのは、賃金の未払いなど労働者の権利が往々にして守られない「ブラック」な環境が一因となっている。だが実習生は日本人が避ける仕事を担う、労働力でもある。政府は人口減をにらみ、法改正して受け入れを拡大する方針だ。……

　技能実習制度は、先進国の技術を身につけてもらう「国際協力」が目的だ。だが、違う実態が潜む。中国人女性（29）は13年秋、茨城県内の大葉の栽培農家で働くために来日した。月収２万円弱だった中国江蘇省の農家に、夫と子ども２人を残してきた。「３年で500万円稼げる」と話すブローカーを信じ、諸費用の100万円は親戚に借金して用立てた。

　毎朝８時〜午後４時の大葉摘み取りは、時給713円。当時の最低賃金だ。夕方からは、大葉を10枚ごとに束ねた。日付が変わる頃までかかったが、「残業」に時給はなく、１束２円の出来高払い。１時間で150束作るのが精いっぱい。手は荒れ、葉っぱに血がついた。

　受け入れ農家の男性は、たびたび体を触った上、女性がシャワーを浴びている時に部屋に忍び込み、浴室のドア越しに「一緒に浴びたい」と声をかけたこともあったという。「退職」に追い込まれた女性は今、日本の支援者が運営するシェルター施設で暮らす。

　実習先は選ぶ余地がない上、転職も原則できない。借金して入国するケースが多く、仕事を辞めるわけにもいかない。米国はこの制度を、毎年出している人身売買報告書で、「強制労働が起きている」と批判。「本来の目的である技能の教育は行われていない」（15年版）と指摘した。　　（疋田多揚「実習名目の労働　拡大」『朝日新聞』2015年12月20日　朝刊より抜粋）

記事２

　大津波は水産業の現場を支えてきた外国からの研修生や実習生の人生も、一変させた。津波に漁船や工場がのみ込まれ、働く場をなくした人たちは涙ながらに帰国した。漁船で沖に出たまま、行方が分からない人たちもいる。

　「元気でね。泣かないの」。宮城県気仙沼市の水産加工会社大島水産で働く山本由美子さん（仮名、60）は、握った手を離そうとしない中国人研修生、張芳（チャン・ファン）さん（仮

名、26）を抱きしめた。震災後、不安げな姿を見て、山本さんは避難所の同じ教室で寝泊まりしてきた。「ずっと一緒にいてくれた。お母さんみたいな人。離れたくない」。張さんは泣いた。

　帰国のため、中国大使館が用意したバスに乗り込む張さんら約30人の研修生を、山本さんは無理に笑顔を作って見送った。

　会社の大島忠俊社長は、避難所を回り研修生を捜した。現金の手持ちがなく、働いてきた分の給料の支払いを約束した「保証書」を持たせて研修生を送り出した。「3K（危険、きつい、汚い）で、働き手の少ない職場を支えてくれる貴重な子たちだった。無事に送り返せてよかった」。

　気仙沼市は20年ほど前から水産加工場などで外国人研修生を受け入れてきた。被災当時、中国人約300人をはじめ、フィリピン人やインドネシア人ら計約460人がいた。多くが研修生だった。

（岩田誠司、奥正光「研修生　涙の帰国」『朝日新聞』2011年3月26日　夕刊より抜粋）

記事3

　日本一のコリアタウンともいわれる東京・新大久保で、韓国料理店や韓流グッズ店の閉店が続いている。韓流ブームの退潮に追い打ちをかけたヘイトスピーチ（差別扇動表現）のデモは昨年九月以降は見られないが、離れた客足が一年たっても戻らないためだ。一時高騰した店舗の賃貸料は半減して「韓流バブルは去った」との声が聞かれる。逆に中国系の店が増えているという。

　街の窮状を象徴するのは、飲食とグッズ販売それぞれを代表する大型店の経営破綻だ。職安通りの料理店「大使館」は八月に閉店した。洪（ホン）ソンヨブ社長（59）は「店の前で『殺せ』『出て行け』と叫ばれた（ヘイトスピーチの）影響は深刻だった。来店したお客さまに恥もかかせてしまい、つらかった」と語る。売り上げが以前の半分以下に落ち、回復しなかった。……

　ヘイトスピーチの街頭宣伝に対しては、昨年十月の京都地裁判決が初めて人種差別と認定し損害賠償を命じた。新大久保でも商店主らが受けた経済的、精神的ダメージは大きい。……地元の韓国人団体は街の清掃を続けたり祭りに参加したりと、地域との共生を目指している。韓国の財閥系資本が進出を検討しているとの情報があり、街の再生につながると期待する声もある。一方、韓国料理店の韓国人経営者（46）は「韓流バブルが去っただけ。安くなったいい物件を探している」と冷静に話し「韓流ブームの前に多かった中国系の店が再び増えてきている」と付け加えた。

（辻渕智之「韓流の街　残る痛み　ヘイトスピーチやんでも…」『東京新聞』2014年9月18日　朝刊より抜粋）

Ⅱ　身近な文化を問う

記事4

　愛知県知立市の知立団地には今、2300人以上の外国人が住む。多くは近隣の自動車関連工場で働く派遣社員や、その家族たちだ。5階建て73棟の住民全体の56％を占め、国籍は約20カ国に及ぶ。最も多いのがブラジル国籍だ。……

　90年、改正出入国管理法が施行され、日系人の出稼ぎ労働者が日本に押し寄せた。この年6人だった団地の外国人は、約10年で千人を超えた。雇用があることに加え、老朽化で家賃が安くなったことや、入居時に保証人がいらないことなどが背景にあるとみられる。

　外国籍の住民が増えると、異なる言葉や文化、習慣が入り乱れ、日本人住民との間にトラブルが起きた。公園での深夜のパーティーやゴミのポイ捨て。特にひどいのが駐車マナー。平気で車をぶつけ、違法駐車を繰り返す人もいた。

　「時には5階から赤ちゃんのオムツが降ってきた」。団地を運営する自治会の長を通算20年以上、務めている村松京子さん（仮名、76）は語る。「共生」への模索の始まりだった。

　2008年のリーマン・ショックで多くの外国人が失業すると、自治会役員らが米や野菜を持ち寄り、配った。就労支援のための日本語教室を自治会が主催し、団地内の集会場で開いた。こうして互いを知り、信頼関係を築こうとしてきたが、現実はそう簡単ではない。

　住民の半分以上が外国人だけに同じ国籍や言語圏でコミュニティーができる。仕事を求めて移り住む外国人は転出入も激しい。日本の生活様式に基づく団地のルールを浸透させるには困難が多い。……

　自治会には、外国籍の役員が1人いる。日系ブラジル人で、日本語もポルトガル語もてきる岡本ケイコさん（仮名、51）。ルールを住民に説明し、自治会の文書を翻訳するなど、村松さんの良きパートナーだ。

　団地の一角で岡本さんが営むカフェ「ファミリー」には、外国籍住民が次々と相談に来る。……自治会に入ったのは、高齢の日本人住民が祭りの準備をしているのを見たのがきっかけだ。「外国人が手伝っていないのが気になった。それに、自治会の仕事をすればお金がもらえると思っていた」。

　当初は、「日本人にごまをすっている」と言われたり、無言電話が続いたりした。自転車を何度もパンクさせられたこともある。それでも、「昔は私も困っていた。日本や団地のことを教えて、助けてあげたい」。共生の懸け橋としての役割を担い続ける。

（北上田剛「（外国人＠ニッポン）習慣違っても共に」『朝日新聞』2015年8月18日　朝刊より抜粋）

ワーク3

外国人と日本人の関係は、どうなっているのか

　記事1～4は、日本社会における外国人と日本人の関係がどうなっている

のか、その実態を調べるための参考資料である。記事1〜4を読んで、そこから読み取れることを書き出してみよう。

グループワーク

記事から読み取れる内容を比較してみよう

　グループで話しあい、まずは〈記事1と記事2〉を比較するか、〈記事3と記事4〉を比較するかを決めよう。次に、地域、外国人の特徴、問題点、日本人とのかかわり、の4つの項目を軸にして2つの事例を比較してみよう。

3 外国人と日本人の関係はどのように変わるか

調べたことを考察する

記事の内容から要点を抜き出す

　【ワーク3】では、4つの新聞記事からどのようなことが読み取れたであろうか。記事1〜4の内容は、それぞれ地域も違えば、外国人の国籍や在留資格も異なる。さらには、それぞれの外国人が直面している問題にも違いがあるようだ。さっそく各記事の要点を、筆者が補足しながら抜き出してみよう。

　記事1では、「国際協力」を目的にした日本の技能実習制度が、外国人実習生に対して過酷な労働を強いる結果を生み出していることを問題にしている。記事の舞台は、中国人女性の実習生を受け入れる茨城県内の大葉の栽培農家である。実習名目とは異なり、外国人実習生を「日本人が避ける仕事を担う、労働力」とみなす制度のなかで、受け入れ農家の日本人男性もまた、実習生の弱い立場を利用して権利を侵害し、「退職」に追い込んでいる。実習生の「失踪」が相次ぐのは、技能実習制度それ自体に問題があると同時に、その制度に甘んじる日本人の意識や行動も関係していることが読み取れる。

　記事2は、記事の日付からもわかるように、東日本大震災直後の外国人研修生や実習生の様子を伝えるものである。震災前の宮城県気仙沼市では、水産加工場などで働く外国人が、「中国人約300人をはじめ、フィリピン人やインドネシア人ら計約460人」に上ったという。日本人と同様に、これらの外国人

Ⅱ　身近な文化を問う

も地震や津波で被災し、行方不明になった人もいることはあまり知られていない。記事1と類似する立場で、彼らも労働力不足に悩む現地の水産業を支える人材となり、結果的にその場所を去ることになった。しかし、記事2で注意したいのは、外国人がその場所を離れる理由や、別れることになった日本人との関係が、記事1と大きく異なる点である。

　記事3は、繰り返された「ヘイトスピーチ（差別扇動表現）」のデモの後に、民族文化を色濃く残した地域コミュニティが衰退してしまった東京の新大久保の状況を描いている。韓国系のエスニック・ビジネスで栄えた新大久保は、大阪の鶴橋と並んで日本最大のコリアタウンと称されていたが、新大久保に住まない日本人が大半であろうデモ参加者による排斥行為によって街は一変した。地元の韓国人団体は、地域の日本人との共生をめざしつつ街の再生を期待するが、実態としては多民族コミュニティの主要民族が韓国系から中国系に入れ替わる可能性が語られている。

　記事4では、日系ブラジル人を中心とした多民族集団が暮らす、巨大な団地コミュニティの実態が報告されている。出稼ぎ目的で来日し、自動車関連工場で派遣社員として働く外国人労働者とその家族らが、愛知県知立市の団地で日本人住民との間で隔たりやあつれきを生みながらも、互いに信頼関係を築こうとしているのがわかる。もちろん、「現実はそう簡単ではない」。しかし、記事3の状況とは異なり、ここでは、外国人が日本人と同じ空間で生活しながら、同胞集団でまとまり日本人住民から分離するか、それとも日本人住民と協働するかというコミュニティ形成の2つのパターンが見てとれる。とりわけ後者の場合、自治会役員という「民族」以外の役割を通じて「共生」を模索している点は興味深い。

資料の収集と分類

　上記の4つの事例をみるだけで、さまざまな外国人が日本社会で暮らしているのがわかるだろう。事例ごとに、外国人と日本人の関係に違いがあるのも、あわせて把握できる。これらの資料から筆者が読み取った点と【ワーク3】であなたが読み取った点を比べてみてほしい。抜き出したポイントの違いに着目することで、理解する内容がより深まるはずである。

そのうえで、「コンビニを支える外国人の例で、あなたはどの問いに関心をもったか」と尋ねた【ワーク2】を振り返り、そこで関心をもった問いについて、同じように新聞記事を探してみるとよいだろう。ひとつの事例には、それと類似する事例がほかにも存在するので、関連する資料を集めていくと、【ワーク2】であなたが関心をもった出来事の実態に迫っていけると思う。

　筆者の場合は、【ワーク2】の問いを発展させて、「外国人は日本人とどのような関係を結んでいるか」という問いを立てた。そして、その問いに答えるために新聞記事を探し、実態が「どうなっているのか」を調べることにした。収集する資料は、地方自治体が行った実態調査の報告書や、フィールド調査をもとに研究者が書いた論文なども役に立つ。とにかく、資料を探しはじめると、自分の関心に近いものから遠いものまで資料がたくさん集まるので、自分が立てた問いをもう一度確認し、優先順位をつけて分類するのが大切である。

比較研究の事例指向アプローチ　収集した資料を読み、いくつかに分類できたら、自分が調べたかったことの実態がある程度見えてくる。しかし、実態を問うだけでは、それを調べたら終わってしまい、そこから「考える」ということにつながらない。したがって、実態を問う作業にめどがついたら、次の問いを立てなければならない。「なぜ、そうなっているか」を考える問いである（苅谷 2002）。

　この「なぜ」を考える問いは、実態を生み出すメカニズム（しくみ）を明らかにするために設けられる。新聞記事の比較でわかったように、外国人と日本人の関係に違いが見られるなら、その違いがなぜ生まれるのかと問うことで、違いをもたらしているメカニズムを検討することができるようになる。【グループワーク】は、この「なぜ」を考えるための予備的な作業であった。

　たとえば、〈記事1と記事2〉、あるいは〈記事3と記事4〉を比較すると、補足文章のなかで筆者が引いた下線の部分が「違い」としてあらわれてくる。こうした比較を行うことによって、ある事例と別の事例の間で異なる点が明らかになるわけである。そして、次に、何が原因で違う結果になったのか、個々の事例における原因と結果の関係を考えていく。事例ごとに導き出した「因果関係」を比較すれば、実態をもたらすメカニズムを理解できるようになる。

II 身近な文化を問う

　こうした比較研究の方法には、いくつか種類があり、比較によって何を見出すかによって変わる。本章で取り上げたような事例比較が見出そうとするのは、その事例に特有の因果関係である。このような方法を「事例指向アプローチ」という。比較研究における「事例指向アプローチ」は、大量のデータを計量的に分析するアプローチとは異なり、少数の事例を質的に分析する方法として、1つひとつの事例がもつ特異な現象を理解し、説明することをめざしている（レイガン 1993）。したがって、このアプローチは、一般的な傾向を見つけたり、客観的な説明をしたりすることには向かないが、少ない事例でも各事例に見られる多様な現実や複雑な因果関係を説明するのに適している。

> **ワーク 4**
>
> 外国人と日本人の関係は、事例によってなぜ異なっているのか
> 　【グループワーク】で行った事例の比較を踏まえ、外国人と日本人の関係がなぜ異なっているのか、その理由についてまとめてみよう。

4 複数の民族はいかに結合するか
考察したことを理論化して深める

外国人をエスニシティに置きかえる　最後に、これまでに考察してきたことを、社会学の考え方からフォローしてみよう。本章では、今日の日本社会に暮らす異なる民族に焦点をあて、彼らをわかりやすく外国人（ないしは外国人労働者）と呼んできた。しかし、「外国人」という呼び方は「外国籍を有する者」という法律上の意味あいがあり、学問のなかでは政策用語として使われることが多い。社会学の分野にも外国人政策の研究はあるものの、社会学では当事者たちの「**エスニシティ**」（民族性）の側面に着目して研究するのが一般的であり、また持ち味でもある。

　エスニシティとは、国籍、人種、言語、宗教などを含んだ民族性の総称であり、より厳密にいえば、エスニックな「集団、文化、意識」の3つを構成要素とする概念である。エスニシティは、まず「集団」としてとらえられ、その集団がある「文化」を共有しており、そして、他の文化をもつ集団とは異なると

いう「意識」をもつ、と定義される。

　韓国・朝鮮人やブラジル人に帰属意識をもつ人のなかにも日本国籍保持者がいるように、同じ国籍でも異なる民族が存在し、逆にまた、同じ民族でも異なる国籍の人がいる。現実には同一の国民であれば同一の民族というわけではないので、「単一民族の国家」は幻想にすぎない。それゆえ、エスニシティの概念を用いれば、国籍の違いだけでは見えてこない、その社会でマイノリティとして生きる異民族の社会的な現実を研究できるようになるのである。

<u>グローバリゼーションと
ナショナリズムの視点</u>　さらに、移住者や移民と呼ばれる、出身国を離れて他国に移り住む人びとをめぐって、グローバリゼーションやナショナリズム（国民主義）の視点からも考えることができる。移住する理由は出稼ぎから戦災までさまざまであるが、情報通信のネットワーク化や市場競争の激化、テロリズムの台頭といったグローバリゼーションの諸側面は、国境を越える人の移動やコミュニケーションを促進させてきた。したがって、グローバル化のもとでは、ある移住者の移住先が2か国以上に及ぶことも多く、移住者を受け入れる地域の民族構成はつねに変化していく。

　また、グローバリゼーションの影響力が増してくると、ナショナリズムの気運も高まってくる。ナショナリズムとは、ある国家の国民であろうとする感情や自分が帰属しようとする国家の独立・維持・発展をめざす思想や運動を指す。たとえば、移住先で生まれ育った移民の若者が、ネット上で自分の祖国とはじめて出会うとき、移住先の社会に適応するよりも想像上の祖国に忠誠をちかうことがある。他方で、記事3の「ヘイトスピーチ」のように、異なる民族や文化を排除しようとするマジョリティ側の排他的な動きも近年のナショナリズムから生まれていることも注目される。

<u>民族関係における結合の条件</u>　本章の課題でいえば、外国人と日本人の関係は「民族関係」として、外国人と日本人との共生は「複数の民族の結合条件」として概念化され、理論と実証の対象となる。

　エスニシティ研究の分野において、民族関係論を提唱する社会学者の谷富夫は、民族関係について、次のように定義している。それは、形式的には、個人

と個人、個人と集団、集団と集団、という関係の諸次元を含む「社会関係」のサブカテゴリーであり、内容的には、複数の民族が、①現状においていかなる関係を結んでいるのか、いないのか、②将来においていかなる関係を結ぶことができるのか、できないのか、③いかなる関係を結ぶことが望ましいのか、望ましくないのか、という問いを含んだ概念である（谷 2015）、と。

　これに照らしあわせると、新聞記事を使って筆者が検討してきた民族関係は、上記①の問いにあたるだろう。それは、記事1～4の各ケースにおける民族関係の結合と分離をめぐる考察である。社会学者の稲月正（2008）によれば、民族関係の研究とは、外国人のコミュニティだけでなく、日本人を含めた「多民族コミュニティ」の形成を分析する研究であり、より大きな社会統合につながる結合の条件を模索することに、その研究の意義があるという。いかなる条件のもとで「多民族コミュニティ」は実現するのか、その問いはいまだ解明の途上にあり、私たちに開かれたままである。

ホームワーク

複数の民族はいかに結合するか
　本章で学んだことを参考にしながら、ほかの事例を自分で探して、その事例における民族関係の実態がどのようなものかを論じてみよう。その際、結合や分離という結果にいかなる原因が絡んでいるかに注目しよう。

キーワード

グローバリゼーション

　グローバル化ともいう。個人、企業、政府、NGO、国際機関などさまざまな主体による越境的な活動によって、世界に遍在する地域や生活が地球規模の時空間のなかで相互に条件づけられていくプロセスを指す。その結果、経済危機、環境汚染、テロ、難民なども必然的に地球規模の課題となる。

エスニシティ

　民族集団、民族文化、民族意識の3要素からなる複合的な概念。国民国家に包摂された民族集団を対象とするため、ネーション（国民）と同義の民族とは区別される。個人の能力や業績を重視する近代社会が成熟することで、この概念の意義は消滅すると考えられたが、1970年代以降に起こった民族復活の現象によって再発見された。

民族関係

　民族を軸とした社会関係のサブカテゴリー。異民族間の関係をめぐる実態、可能性、望ましさを問うことが内容として含まれる。自民族集団を研究対象の外側に置く異民族研究とは区別され、自民族集団も視野に入れた異民族研究を志向するところに特徴がある。

ブックガイド

移住労働者と連帯する全国ネットワーク編『移住者が暮らしやすい社会に変えていく30の方法』合同出版、2012年

　日本に住む移住者（外国人）を支援するNPO法人のスタッフが中心となって執筆された論集。日本人の側からは「見えない」数々の現状を、日本社会が抱える課題として位置づけ、わかりやすく解説している。

谷富夫『民族関係の都市社会学――大阪猪飼野フィールドワーク』ミネルヴァ書房、2015年

　大阪の猪飼野をフィールドに定め、在日朝鮮人と日本人の民族関係に関する質的調査の成果をまとめた著作。日本における都市エスニシティ研究をレビューしたうえで、四半世紀にわたり鍛え上げたみずからの民族関係論を丁寧に紹介している。

トーマス、W. I.／ズナニエツキ、F.『生活史の社会学――ヨーロッパとアメリカにおけるポーランド農民』桜井厚訳、御茶の水書房、1983年

　ポーランドの伝統的な農民社会の変容と、アメリカへ渡ったポーランド移民の適応過程を考察した著作。原著は1918～1920年に出版。手紙、日記、新聞記事、裁判所などの記録をもとに質的調査を行った本書は、シカゴ学派の代表作として知られる。

第9章　ワークシート

1．あなたにとって「外国人」とはどんな人だろう

「外国人」とはどんな人なのか。あなたは何をもって「外国人」と判断するのだろうか。自分なりに考えて書いてみよう。

_____

2．コンビニを支える外国人の例で、あなたはどの問いに関心をもったか

あなたが関心をもったのは、①〜⑦のどの問いだろうか。また、なぜその問いに関心をもったのか、理由もあわせて考えてみよう。

関心をもった問い：_____　理由：_____

_____

3．外国人と日本人の関係は、どうなっているのか

記事1〜4は、日本社会における外国人と日本人の関係がどうなっているのか、その実態を調べるための参考資料である。記事1〜4を読んで、そこから読み取れることを書き出してみよう。

記事1：_____

記事2：_____

記事3：_____

記事4：_____

4．外国人と日本人の関係は、事例によってなぜ異なっているのか

【グループワーク】で行った事例の比較を踏まえ、外国人と日本人の関係がなぜ異なっているのか、その理由についてまとめてみよう。

_____

_____

_____

_____

第Ⅲ部
社会につながる

基礎ゼミ　社会学

第10章

格差がなくならないのはなぜ？
── 不平等、学歴社会、階級・階層

吉川　徹

1 本当のリアルはオトナになってから？
問いを発見する

|実感しにくい格差社会|　ニュース報道では格差が深刻化していると盛んにいわれる。だが、自分の日々の暮らしは貧困というほど

でもないし、友だちも自分と大きく違う暮らしぶりではなさそうだ──そう感じている大学生は少なくないことだろう。働いて給料をもらうようになれば、高い収入とか、安定した仕事とか、家族を守ることや老後の備えについても考えるかもしれないが、学生時代には、まだ実感がわかない、というのももっともだ。後で説明するとおり、現代日本の格差の実態は目に見えにくい。

　けれども、学費や生活費を用立てるのが難しくて奨学金を利用していたり、生活費のためにアルバイトをしたりする大学生は年々増えている。2014年度には、四年制大学生（昼間）のうち、日本学生支援機構からの奨学金受給者は、半数以上（51.3％）になっているという（日本学生支援機構 2016）。そういう苦学生にとっては、格差は他人ごとではない。格差や**不平等**をとても切実に感じる人と、あまり実感していない人のこのような温度差も、今の日本の格差の特徴だ。

　ここではひとまず、格差とは個人の地位の上下差のことだと考えておこう。どれだけ一生懸命働いても標準的な生活水準に手が届かないワーキングプア、社員に給与に見あわないほど過酷なノルマを課すブラック企業、セレブや政治家の二世や世襲、これとは対照的な下層の貧困連鎖、「プレミアム商品」、「格

安商品」という消費の分野の上下の格づけなどは、いずれも新しくめだってきた格差現象だ。社会人になれば、この総格差社会日本の真っただなかで、やり直しのきかない「人生ゲーム」のコマを進めていくのだから、そのしくみを知らないではすまされない。

　　スクールカースト!?　　まず身近なところから、地位の上下差について考えてみよう。表向きは平等がいわれる学校内に、友だちグループ間の上下の序列「スクールカースト」があり、これがときに中高生の日常に深刻な影を落としている（鈴木 2012）。スクールカーストの上位層というのは、同性異性の友だち関係、ファッション、部活動、学業などで積極的に自己実現できる「リア充」たちであり、「非リア充」たちは低い「ランク」で消極的な立場に甘じているという構図がある。

　では、学校現場のスクールカーストと、ここで考えようとしているオトナの格差はどこが似ていて、どこが違うのだろうか。共通しているのは、どちらも表立っていわれることのない上下の序列によって、さまざまなチャンスが決まるしくみだということである。

　両者の違いは二点ある。まず学校のクラスは学年が変わればリセットされるかもしれないし、生徒たちはクラス外に居場所を探せるかもしれない。これに対して、オトナの格差に終わりはなく、逃げ場もない。もうひとついえるのは、序列づけの基準が、学校生活では学業や部活動、ファッションや余暇活動で友だちに評価されているかというカジュアルな出来事であるのに対し、オトナの格差は、大げさにいえば、自分の人生が日本の産業経済システムにどのように埋め込まれているかという事実を指しているということだ。スクールカーストはたしかに深刻な問題だが、オトナの格差はもっとシビアで逃れられない「現実（リアル）」そのものなのだ。

ワーク1

オトナの格差について書いてみよう
　オトナの格差について知っていることを、高校生にもわかる言葉で書いてみよう。

III 社会につながる

お金の話の背後にあるもの

【ワーク1】では、社会のさまざまな出来事や言葉があげられていることだろう。けれども、こうして改めて考えるとき、「金持ち」「貧乏」というような、お金をめぐる言葉が多くあがっているのではないかと思う。ここで、お金を専門に扱う経済学（者）と社会学（者）との違いをお伝えしておこう。社会学の見方で格差を考えるときには、お金をめぐる「豊かさ─貧しさ」の背後にあって、これらを操っている隠れたしくみに目を向けようとする。

だから、就職活動のときに、社会学を学んだことで自己アピールしたいならば、ビジネス雑誌や経済新聞の記事にあるような市場経済や政策や法律の話は避けて、「社会学では、人生全体を視野に入れて考えます」と切り出せばそれらしくなる。

> **ワーク2**
>
> 格差を生み出す要因に迫るために、何を調べてみたいだろう
>
> 　一般に、人生において親子関係は重要であるが、お金をめぐる格差と親子関係についての議論のひとつに、「貧困の連鎖」がある。これが起こる理由に迫るために、あなたはどんなことを調べてみたいだろう。

2 データから世代間の関係を知る

問いにしたことを調べる

世代間関係と不平等

親と子どもの地位のつながり方のことを社会学では世代間関係という。一般には、世襲、貧困の連鎖、再生産などの言葉で表現されているものごとだ。この因果構造を考えるとき、格差の実態は不平等問題へとつながっていく。

人生の序盤の学校生活において、誰もが平等に努力できる状態がととのえられていれば（機会の平等）、オトナの世界における格差は、自分の責任だということになる。だが世界中のどの社会を見ても、生まれた家庭環境や男女のジェンダー（⇨第8章キーワード）で、学ぶチャンスや職に就くチャンスに不平等がある。今私たちがめざすべきことは、この民主主義（⇨第14章キーワード）に反

する不平等を解消することなのだが、これはなかなか一筋縄ではいかない。

　今、生まれて育って働いて、お金を儲けて、豊かに暮らすという人生を考えよう。この人生の過程では、子どもを生み育てるということがあり、そこから自分を親世代とした世代間関係がはじまる。親たち（＝将来の自分たち）は、子どもの人生を精一杯後押ししようとする。そこで生活に余裕のある上層ならば、子どもたちに、塾や家庭教師、小中学校受験など有利な条件を与えることができるが、下層ではそれを十分に行うことができない。この格差を放っておくと、世代間関係は不平等なものになってしまう。これが教育格差として現代日本で大きく問題にされている現象だ。

　【ワーク2】ではどんなリサーチクエスチョン（調査上の問い）があがっただろうか。本章では、《次世代の教育に対する親としての構えが、社会的地位によってどれくらい異なるか》という問いを立て調べてみよう。教育機会に不平等を生じさせる「ソフトウェア」（人びとの想い）をデータからとらえようというわけだ。

次世代の教育に対する親の構えをどう測るか　　データとしては、2015年に実施された大規模社会調査（2015年第1回SSP調査：使用にあたっては、SSPプロジェクトの許可を得た）を用いる。これは1955〜1994年生まれの全国の男女3,575名から個別訪問面接法により回答を得たものである。

　調査の対象は子育て中の親だけではなく、未婚者、子どものいない世帯、子育てを終えた人なども含み（学生も含む）、社会全体を見る。学歴に対する構えについて、ここでは「子どもには、大学以上の教育を受けさせるのがよいか」という質問への回答（「そう思う」「ややそう思う」「あまりそう思わない」「そう思わない」のいずれか）を見ることにする。

　以下ではこれを大学進学志向と呼ぼう。もちろんこの志向どおりに世代間関係が成立するわけではないのだが、ここには将来の世代間関係の原型を見ることができる。

大学進学志向の温度差　　まず、社会的地位によって大学進学志向がどれくらい異なるのかを確認しよう。図10-1は世帯の経済

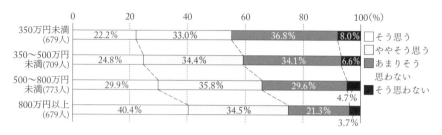

図10-1　世帯収入と大学進学志向の関係

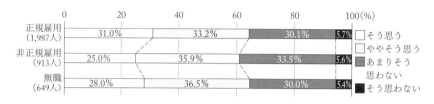

図10-2　雇用形態と大学進学志向の関係

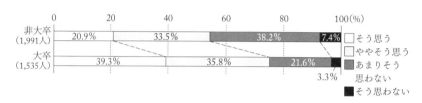

図10-3　学歴と大学進学志向の関係

的な豊かさをほぼ四等分して、収入層ごとの考え方の違いを見たものだ。ここで目を引くのは、グラフが階段状になっていることである。世帯収入が年収800万円以上の高所得層では「そう思う」と「ややそう思う」をあわせて74.9％が子どもの大学進学を希望しているのに対し、最下層では肯定回答は55.2％にとどまっている。

つづいて図10-2では働き方を正規雇用（自営業を含む）、非正規雇用（パート、アルバイト、内職）、無職（専業主婦、学生、休退職）にわけて大学進学志向を見たものである。ここからは非正規雇用で大学進学志向がやや低いことを読み取れる。

> **ワーク 3**
>
> 学歴と大学進学志向の関係を読み取ろう
> 　図10-3は、調査対象者自身が大学（短大、大学院を含む）を出ているかどうかで、大学進学志向に違いがあるかどうかを見たものである。学歴による大学進学志向の違いを、○○であるほど□□だ、というように説明してみよう。

3　格差を生み出す要因を考える

調べたことを考察する

大学進学志向の形成要因　　階層研究は、大規模社会調査データの計量分析が盛んな領域である。1人ひとりの人生経路上で、社会的地位がどのように組みあわさっているのかは、実際に調べてみなければわからない。そのために調査データを得て、複雑な多変量解析を用いて潜在する社会のしくみを発見しているのだ。

　ここでは比較的やさしい調査の数字からデータが示す実態を垣間見た。【ワーク3】では、学歴による大学進学志向の違いを説明できただろうか。統計的に確認すると、世帯収入・雇用形態に比べてもっとも顕著な結果が出ており、大学を出ている人たちでは75.1％が子どもの大学進学を望んでいるが、非大卒層では54.4％にとどまっている。つまり、自分の学歴が高いほど、子どもに高学歴を求めるのだ。

格差を生み出す真の要因は何か　　この3つのグラフを読み解くと、階層上の地位が低い人ほど大学進学志向が低いということがわかる。ただし、ここで見た経済力と雇用と学歴は、互いに重なりあって階層構造をかたち作っている。そのために擬似相関（本当は影響力をもたないのだが、他の要因との重なりのために表れる見せかけの関係）が生じてしまう。このようなとき、多くの要因の影響力を勘案してより直接的な影響力をもつものを探る多変量解析の出番となる。

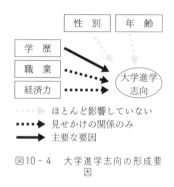

図10-4　大学進学志向の形成要因

ここではそのひとつであるOLS重回帰分析という方法で影響力の大きさを測り出す。この方法は社会調査の実習などで必ず習得する社会調査の基本的技法だが、数値を読み解くには統計的な知識が必要になるので、ここではこの分析によって抽出された大学進学志向の形成要因の強さを図10-4に示すことにしよう。

図10-4で目を引くのは、学歴（教育年数）が高いほど高学歴志向が強いという効果がほかと比べて高いことである。つまり、今の日本社会では学歴の再生産構造こそが世代と世代をつなぐメインルートとなっているのだ。年齢や性別、あるいは経済力や職業的地位は、この学歴による擬似相関関係を取り除いてみると、大学進学志向に対して強い直接の影響力をもっているわけではない。

学歴社会と学歴分断社会

今の日本社会では、自分自身が大学に進学したかどうかということが、その人が人生で経験する格差に深くかかわっている。まずそういう意味で**学歴社会**である。しかしこの分析からわかるのは、その構造とは少し違ったしくみだ。それは学歴が、オトナとしてのものの考え方をかたち作っていて、その考え方の違いが世代間関係に影響を及ぼし、不平等の連鎖をもたらしている面もあるということだ。このように人生全体にわたって、職業的地位や経済力よりも、学歴が大きな意味をもつ状態を**学歴分断社会**という（吉川 2009）。

そして、この学歴分断社会が日本の格差社会の背後事情であるならば、格差の問題はオトナになってから考えたのでは手遅れになってしまう。なぜならば大学に入った今、あなたはすでに、オトナの格差社会を生きるためのもっとも重要な切符に手を伸ばしたということができるからだ。

この先の人生において、あなたは学歴を決め手として、安定した高収入の職業に就くかもしれない。しかしそれだけでなく、大卒層としての趣味や社会的活動を行い、大学で学んだものごとは、あなたの考え方や民主主義に対するかかわり方にも影響を及ぼすだろう。そして次世代の教育に真剣に取り組む親に

なる可能性もおおいにある。

あなた自身の人生を考えるとき、ここにはまったく問題はない。しかし、社会全体のしくみとしては、大卒層が有利な人生を歩み、子どもにふたたび高い学歴を得させたいという望みがかなえられるとき、非大卒層がその分だけ不利な人生を歩み、次の世代の子どもたちが不利な人生のスタートを切ることになってしまう。そのため社会を鳥の目で見たときの格差や不平等は継続してしまう。現代日本の社会を平等で公平な社会へと導くことの難しさは、性別や職業、あるいは経済力にあるのではない。人びとを振りわけるしくみであり個人の努力の場である学校・学歴にある。学校・学歴こそが、格差と不平等をもたらす主要な働きを担っているのだ。

ワーク4

学歴分断社会ってなんだろう

ここまで、格差を生む要因を大学進学志向に注目して調べ、大学進学志向は親の学歴と関係が深いことがわかった。では、「学歴分断社会」とは何か。「学歴社会」との違いに触れながら説明してみよう。

グループワーク

学歴によって大学進学志向はどう異なるだろう

親の学歴そのものではなく、学歴からくる「オトナとしてのものの考え方」の相違によって、大学進学志向はどう異なってくるか、グループで話し合おう。さらに、大学進学のための競争が平等に行われるためには、どういった条件が必要か、話しあってみよう。

4 私たちの社会の格差の姿

考察したことを理論化して深める

階級への着目　　【グループワーク】によって、個人の自由な競争を考えるときには、大きな視野で見た格差の姿をよく

知っておかなければならないということに気づいた人も多いだろう。それでは、格差についてどう考えていけばよいのだろうか。じつは格差というのは、社会学で**階級・階層**と呼んできたもののことだ。階級は、人びとが近代産業社会にどのように位置づけられているかを説明する言葉である。これにはじめに目をつけて理論化したのは、K. マルクスや M. ウェーバーという 19 世紀ヨーロッパの社会学者だ。

もともと階級とは「自分は労働者階級で、あいつらは中産階級だ」というように自他ともに認識する所属集団を指している。そしてこれを考えるときの地位の目印としては、産業社会と個人をつなぐ職業のありかたが考えられる。つまり「財布の中身」を論じるのではなく、暮らしを成り立たせている手段に目が向けられるというわけだ。

さらに、よい職業に就くための決め手として、履歴書に書く学歴、生まれ育った家庭の状況、生まれた世代、ジェンダー、受けた教育というように、人生全般に目配りをする。第 1 節で述べた「社会学では人生全体を視野に入れて考える」というのはこのことなのだ。その重なりあいの様子は階層構造と呼ばれている。

それぞれの社会のそれぞれの格差

アメリカ社会では、ヨーロッパ系（白人）、アフリカ系（黒人）、ヒスパニック系、アジア系、先住民族などのエスニシティの間に緊張関係がある。だから何かの事件をきっかけに、エスニシティ間の対立が暴動やデモというかたちで表面化することもある。これは社会的地位の格差や不平等を目に見えやすくする作用をもっている。

ヨーロッパ社会では、長い歴史的背景をもつ階級が人びとの心のなかに根づいている。そのために服装や髪型や家具などの調度品、週末の楽しみ方やクルマの車種などに、階級ごとの異なりがある。中国では、沿海部の大都市で生まれ育ったか、農村地域で生まれ育ったかということで生活のチャンスに大きな違いがあるという。

いずれの社会の場合も、自分たちの社会にそうした格差の「古傷」があることをオトナも若者も知っていて、そこに触れないようにしながら、なんとか社会を成り立たせているのだ。これに対して、日本社会ではこれほどはっきりし

た格差の境界線は見あたらないように見えるが、それはなぜだろうか。

日本の格差の変遷

今から70年ほど前の終戦直後、人びとは「階級」という言葉をあたりまえに使っていたといわれる。会社を経営したり土地をもっていたりする資本家、自分の裁量で社会生活ができるゆとりをもつ中産階級、労働の対価としてお金を得て日々を暮らす労働者という区分が今よりもはっきりしていたのだ。そしてこのとき、荒廃した社会の最底辺で不安定な暮らしを余儀なくされていた下層階級や、額に汗して日々働いている労働者階級の人びとこそが、戦後復興のカギを握るとされた。戦後日本社会は下層に力点が置かれた階級社会だったと振り返ることができるのだ。

その後、高度経済成長が進むと人びとの暮らしは次第に豊かになり、政治や経済の論点が移って、社会の中間あたりに置かれるようになった。この時代、社会の中間あたりには、農村から出てきた人、都会で育った人、モノを作る人、販売や流通などのサービスに携わる人、学歴の低い人、高い人などさまざまな階層的背景をもった人が入り混じっていた。この頃から、地位の上下に関して階級ではなく、階層という言葉が使われるようになった。

階層というのは、もともと社会学者が実態を整理するための専門用語だった。その意味するところは、社会的地位がミルフィーユやパイの生地のように幾重にも層をなして集団の境界が定まらない状態にあるということである。これとの対比でいえば、階級社会はブロック状のスポンジケーキを重ねて作られたショートケーキのような形状だということができる（図10-5左）。

1970～80年代には、社会の中間あたりで豊かな生活をする人びとが、消費や文化の中核だと見られ、輪郭の定まらないその巨大な集団について「一億総中流」という言葉が新聞紙面を飾った。これが日本型の階層社会である（図10-5中央）。

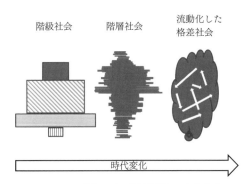

図10-5　現代日本の階層構造の時代変化

Ⅲ　社会につながる

21世紀日本の格差社会

　21世紀の日本は、さらに転じて格差社会だといわれている（図10-5右）。これは、社会の真んなかに集中していると思われた人びとが、上層と下層にわかれはじめたのではないかという指摘である。しかし格差社会の進展は、階級社会への単純な逆戻りではない。なぜかといえば、格差社会の特徴としてあげられることに、生涯の転職回数が増え、企業業績もめまぐるしく変動し、リストラや非正規化も進んで、日本に特有の長期雇用慣行、いわゆる「終身雇用」が崩れたことがあるからだ。

　問題は、多くの人の産業社会における足場が不安定になりはじめていることにある。これを雇用の流動化という。図10-5右では、小さな矢印で個人が地位をめまぐるしく変化させている様子が描かれている。お菓子のたとえでいうならば、プリンのようにつかみどころのない状態である。

　つまり、戦後の階級社会から、中間層を軸とした階層社会へと進んできた日本の階層構造は、現状では流動化した格差社会になっていると見ることができるのだ。ただし、気をつけておかなければならないのは、これは地位が不安定になった、あるいは誰でも、下層に落ちるリスクをもつ社会状況になったという意味であって、下層の人たちが増えて、中間的な地位の人が少ないピラミッド型の社会になったわけではないということだ。

　私たちが生きる時代に生じたもっとも重要な変化は、下層の暮らしが多くの人にとって他人ごとではなくなったということだろう。この流動化した現代日本人の人生において、自分自身の努力で手にした地位として、履歴書に書き、終生使いつづけられるものごとは何なのかと改めて考えるとき、それが学歴にほかならないことに思い至る。流動化した格差社会のありかたを左右しているのは、学歴分断社会なのだということになる。

ホームワーク

平等社会実現のためにすべきことはなんだろう

　社会の不平等を減らすためとはいえ、たとえば大卒の父母と子ども2人の4人家族において、「子ども1人は大学進学させないのがよい」などとはいえないだろう。【グループワーク】で話し合った議論も含め、平等社会実現のためにすべきことを提言しよう。個人や社会、教育、政治などどんなレベルでもよいものとする。

> キーワード

不平等
　どのような家に生まれたかということとどのような人生を歩むかということが、強く関連している状態を社会的不平等と呼ぶ。産業経済が発展した21世紀において、この旧来の課題の解決が難しくなっている社会を不平等社会という。民主主義の規範的な望ましさに逆行して、特定の階層において、世代間の結びつきがさらに強くなることを階層固定化、他の階層からの参入チャンスがさらに減っていくことを階層閉鎖化という。

学歴社会
　狭くは取得した学歴で成人後の社会経済的地位が決まる傾向が強い社会を指す。この場合、学歴メリトクラシーの社会というようにいわれる。しかし広く見た場合には、どのような学歴を得たかということを社会全体が重視し、学歴を得ることが加熱している状態の社会を指す。学歴メリトクラシーそのものの大きさを超えて、学歴がその人のもっとも重要な地位の象徴として大きな意味をもち、社会全体が学歴を軸に展開していく状態を指す。

階級・階層
　階級とは社会的・経済的な利害をともにする集団を指す。資本主義社会においては、生産手段の所有・非所有によってその定義がなされる。労働者階級、中産階級、資本家階級などという分類がこれにあたる。階層といった場合は、職業的地位を中核として、学歴や経済的な豊かさや富、あるいは社会的勢力などの地位指標の複合によって成り立っている構造を指す。

> ブックガイド

吉川徹『学歴分断社会』ちくま新書、2009年
　現代日本の学歴社会の構造的特徴を、大卒層が半数、非大卒層が半数で構成される学歴分断社会であると論じる。そして、それが現在どのようなかたちになっていきつつあるのかを示し、学歴が格差を生むしくみを明らかにした。解決の難しい格差問題の入り口となる1冊である。

盛山和夫・片瀬一男・神林博史・三輪哲『日本の社会階層とそのメカニズム――不平等を問い直す』白桃書房、2011年
　学歴、ジェンダー、職業、意識など多様な観点から日本社会の不平等の現状を丁寧に解説している。この分野は計量的な研究に基づいて進められるが、数値をもとにした議論を読むことの導入につながる1冊。

エジェル、S.『階級とは何か』橋本健二訳、青木書店、2002年
　K. マルクスや M. ウェーバーに由来する階級理論を概説し、欧米社会における社会階級のありかた、そしてその理解のしかた、分析法を述べた入門書。

第10章 ワークシート

1. オトナの格差について書いてみよう
オトナの格差について知っていることを、高校生にもわかる言葉で書いてみよう。

_____

_____

_____

2. 格差を生み出す要因に迫るために、何を調べてみたいだろう
一般に、人生において親子関係は重要であるが、お金をめぐる格差と親子関係についての議論のひとつに、「貧困の連鎖」がある。これが起こる理由に迫るために、あなたはどんなことを調べてみたいだろう。

_____

_____

3. 学歴と大学進学志向の関係を読み取ろう
図10-3は、調査対象者自身が大学（短大、大学院を含む）を出ているかどうかで、大学進学志向に違いがあるかどうかを見たものである。学歴による大学進学志向の違いを、○○であるほど□□だ、というように説明してみよう。

_____

_____

_____

4. 学歴分断社会ってなんだろう
ここまで、格差を生む要因を大学進学志向に注目して調べ、大学進学志向は親の学歴と関係が深いことがわかった。では、「学歴分断社会」とは何か。「学歴社会」との違いに触れながら説明してみよう。

_____

_____

_____

基礎ゼミ　社会学

第11章
社会問題はいかにして起こるのか？
―― 社会問題、ラベリング、社会的コントロール

大山小夜

1 身近で大きな社会問題

問いを発見する

過剰債務ってなんだろう　「過剰債務」という言葉を聞いたことがあるだろうか。ローンやクレジットなどで返済不能な額の借金を抱え、俗に「借金で首がまわらなくなる」ことをいう。借入先は複数のことが多く、「多重債務」とも呼ばれる。本章はこの過剰債務について取り上げよう。

過剰債務は、現在、次世代を担う若者に広く見られる。そう言うと驚かれるかもしれないが、たとえば学生の2.6人に1人が利用する日本学生支援機構の奨学金は、利用者の4人に1人（32万人）において返済が遅れる。延滞者の約半数は返済義務を知らずに奨学金の申込手続きをしていた（日本学生支援機構 2015）。延滞すると「車や住宅などのローンが組めなくなる」「厳しい取立にあう」などの問題も指摘されている。

このように身近にある過剰債務は、かつて日本で最多の訴訟案件だった。1998年に民事訴訟の件数は過去最大になるが、そのうちローン・クレジット業者が個人に返済を求める訴訟は民事訴訟全体の約6割を占めた。一方、返済不能に陥った借り手による破産申立は1990年代以降急増し、2003年に戦後のピーク（25万件）を迎えた。2006年、ローン・クレジットの過剰な貸付を規制する法律（改正貸金業法）が制定された。国も、自治体や関係団体と連携して過剰債務の問題に取り組んだ。こうした取組みの成果もあって、2015年の破産件数はピーク時の4分の1（6.3万件）に減っている。

しかし、上記の奨学金の例からもわかるように、過剰債務は決して過去の出来事でない。私たちが思う以上に社会の状態やしくみと深くかかわって生じている。私たちにとって身近で大きな**社会問題**である。

過剰債務の背景　たとえば、過剰債務は、社会の格差や貧困と深くかかわっている。過剰債務による破産は低所得者層にかたよって多い。破産者の平均月収は 13 万円、破産理由の 6 割は「生活苦、低所得」である。破産者の数は「30 歳代」「40 歳代」「50 歳代」「60 歳代以上」の 4 つの年齢層がほぼ同数で全体の約 9 割を占める（日本弁護士連合会消費者問題対策委員会 2015）。日本学生支援機構の奨学金も延滞者の 8 割は年収 300 万円以下である（日本学生支援機構 2015）。

また、過剰債務は自殺との関連性が強い。1998 年、年間自殺者数が急増し、戦後はじめて 3 万人を超えた。最も増えたのは全体の 3 割を占める「経済・生活問題」による自殺である（前年の 1.7 倍）。2007 年のデータでは「経済・生活問題」の半数が「負債（保証債務等含む）」であった（警察庁 2008）。しかし、上述した 2006 年の改正貸金業法制定後、「負債（保証債務等含む）」による自殺者数は 3,901 件（2007 年）から 1,443 件（2015 年）と大幅に減り、年間自殺者数も 2012 年以降、3 万人を下回っている（警察庁 2016）。

このように、過剰債務は社会の状態やしくみとかかわり、ときに自殺を引き起こす深刻なものである。したがって、個人の責任のみを強調するのではなく、社会全体で解決に取り組むべき社会問題としてとらえる必要がある。社会問題の解決には、多くの場合、新たな法律の制定などによる制度の改革が大事である。しかし、こうしたマクロな政策論では、当事者の視点がなおざりにされてしまうことがある。したがって、本章では当事者の視点から出発し、社会的な課題を浮かび上がらせてみよう。

ワーク 1

過剰債務に至るまでの出来事を考えてみよう
　過剰債務に至るまでにどのような出来事があるだろうか。身近な人や自分自身にあてはめて考えてみよう。

2 インタビューで過剰債務者の現実に迫る
問いにしたことを調べる

過剰債務に至る経緯とは　筆者が大学院生だった1990年代、テレビや雑誌では「買い物依存症」「カード破産」が「社会問題」として取り上げられ、過剰債務を題材にした宮部みゆきの小説『火車』（初版1992年）が話題となっていた（宮部 1998）。しかし、その悲惨な状況に至る経緯は描かれておらず、実態を知りたいと思った。

【ワーク1】では、自分や身近な人を例にすることでよりリアルに考えることができただろうか。また、金融業者も含めた周囲の人との関係の変化など、過剰債務に陥ってからの状況はどのようなものだろうか。本章では、一般的なイメージから抜け出し、当事者の視点をとらえてみたい。そこで、《過剰債務はどのように深刻化するのか》という問いを設定しよう。筆者が実際に行った調査を元に、本章の主題である「社会問題はいかにして起こるのか」に迫ってみたい。

大学院生として研究テーマを考えていたある日、筆者は街中で「過剰債務者の全国集会」を知らせるポスターを見つけた。好奇心から行ってみると、たくさんの過剰債務者が集まっていた。ふだんは各地の「自助グループ」——同様の問題や悩みなどを抱えた人どうしで自発的に集まり支えあう集団——で活動していると教わり、後日、地元の自助グループの「定例会」に訪れた（概要・歴史等は、全国クレジット・サラ金被害者連絡協議会（2014）参照）。

定例会では、参加者が、過剰債務に陥った経緯や現在の悩みなどを順番に話す。小さな会場は、問題解決のめどを得ている先輩当事者、支援する法律家や相談員などの専門家でごった返していたが、はじめて来た参加者は異彩を放っていた。顔色が悪く、頬がげっそりとこけていたからである。身なりにかまう余裕もなくしているのか、汗が臭う人もいた。しかし、そんな人たちも、帰る頃には頬に赤みがさし、口々にこう言うのである。「私と同じような人がこんなにいてはると思いませんでした」。「死ぬしかないと思っていました。でもちょっと先が見えてきた気がします」。筆者は、目の前で展開される現実に圧倒された。そして自助グループに通いつめた。

過剰債務の相談現場で切実なのは、「返済不能な額のお金をなぜ借りるのか」「なぜ早く相談に来ないのか」といった疑問である。もちろん、過剰債務者も、後で振り返ると、「返済不能な額のお金を借りてはいけないこと」「早くに相談すべきこと」に納得する。しかし、過剰債務の真っただなかでは、そうした考えに至らない。なぜなのか。筆者は、問題の渦中にいる借り手が、みずからの状況、周囲の人や業者との関係をどう認識しているか詳しく知る必要があると思った。そこで、定例会によく来るひとりの男性（以下、裕次（仮名））にお願いし、インタビューを試みた。

インタビューの準備をする

　まず、裕次が裁判所に提出した破産申立書を見せてもらった。破産申立書は、戸籍謄本のほか、破産状態に至る経緯を記した陳述書、陳述書を裏づける明細書や手紙などからなる。ここから過剰債務の概略——当事者の基本事項が書かれた用紙を「フェイスシート」という——をおさえた。次に質問項目を作る。これらをもとに話を聞く。

> **フェイスシート（調査当時）**
>
> 年齢　60 歳代
> 性別　男性
> 職業　タクシー乗務員
> 学歴　中学校卒業
> きっかけ　公団（賃貸）への転居費用を立て替えてくれた親族に返済するため
> 同居　妻と妻の両親
> 経済　自動車等の資産無。月収は裕次約 10 万円、妻約 9 万円。
> 債務　25 社 500 万円。妻は 11 社 200 万円
> 健康　相談時、十二指腸潰瘍で通院中
> 対処　妻とともに破産

［質問項目］　(1)最初の借入、(2)業者（貸し手）の応対、(3)通常、問題を抱えたときの相談相手の有無と対処法、(4)業者の応対の変化の有無とその時期。家族や職場との関係の変化、(5)つらかったこと、(6)解決に向かうきっかけ、(7)自身が考える原因、(8)現状と今後、など。

インタビューする

　以下の回答要旨 1〜8 は、質問項目(1)〜(8)に対応している。回答要旨 1〜5 は、過剰債務を抱えるに至る様子、回答要旨 6〜8 は、自助グループと出会って解決に向かう様子が見てとれる。

11 社会問題はいかにして起こるのか？

回答要旨1

(1)最初の借入

　借入のきっかけは、手狭だった民間住宅から公団住宅への転居が決まり、その費用を立て替えてくれた妻の親族への返済に困っていたときである。消費者金融にはなんとなく怖いイメージがあり、お金を借りるのに躊躇していた。

　　筆者：はじめて借りたときはどんな感じだったんですか。
　　裕次：何度も事務所に足を入れようと思っては引き返すっていうのを繰り返したんよ
　　　　……それで、とうとう、えい、って入ってみたんや。

　妻のまさ子（仮名）とは再婚だった。再婚に、まさ子の親族は反対だった。だから、妻の親族から借りたお金を返さないわけにはいかなかった。しかし、稼ぎも蓄えも十分にない。裕次は困り果て、消費者金融に足を運んだのである。

回答要旨2

(2)業者（貸し手）の応対

　びくびくしながら店に入ったが、希望する額のお金をすぐに貸してくれて、裕次は拍子抜けした。帰宅して工面したお金を見せるとまさ子は喜んだ。調達先は黙っていたが、聞かれたため、「会社から借りた」とウソをついた。

　「お客さん」と丁重に扱われ、消費者金融業者への怖いイメージは消えた。むしろ、八方ふさがりの状況を救ってくれたと感じた。「地獄で仏」とはこのことである。裕次には、業者があたかも「友人」のように思えた。

　しかし、業者は裕次を友人と思っていない。この「友人」は、やっかいなことに、頻繁に融資の追加や増額を誘う。業者としては、たくさん借りてもらえば、たくさん利息を得ることができ、儲かるからである。折からの不況で裕次のタクシーの売上も減っていた。生活費の慢性的な不足と借入の手軽さから、裕次は借入額と借入先を増やした。おおかたの業者は、利息さえ返していれば、友人のような親しみを込めて「もう今回だけやで」「頼むで」と言って、貸出枠いっぱいまで何度でも貸してくれた。追加融資を断る業者を、当時の裕次は、友達甲斐のない「冷たいとこ」と思った。

回答要旨3

(3)通常、問題を抱えたときの相談相手の有無と対処法

　相談できる場所や助言する人はいなかったのか。

Ⅲ　社会につながる

筆者：借金のことを知って会社の応対はどうでしたか。
裕次：やっぱりだんだん冷たくなってきますよ。裕次君、裕次君って言ってたのが、ものしゃべらんようになるし。
筆者：相談とかはしなかったんですか？
裕次：僕ら（引用者注：タクシー業界）は水揚げでなんぼの世界でしょ。お金がほしいなら仕事せぇって言われるだけやね。
筆者：同僚の人にはしなかったのですか？　たとえばさりげなく聞くとか。
裕次：まったくないね。
筆者：ふだんはどんな話をしてはったんですか？
裕次：仕事に出たら一匹狼でしょ。会社に戻ってきても、「週末の遊び」や「ええお客さん」の話で盛り上がることはあっても、借金なんかの真剣な話はないな。あったとしてもそれはもう「借りてるさかいに、返さなあかん」って話ですよ。

回答要旨4

(4)業者の応対の変化の有無とその時期。家族や職場との関係の変化

　つきあいのある業者の数は増え、つきあいも深まる。返済日までに返せないとき、はじめは「返済が遅れる」と断りの電話を入れた。だが、返済できないことがつづくと電話はかけづらくなる。やがて業者から催促の電話がかかる。業者に折り返し連絡するよう伝える会社からの伝言が、タクシーの業務用無線を通じて全車に配信される。裕次は、自車の無線を切り、遅れたお金を返すため、新たに貸してくれる業者を必死で探す。目につく看板の店に飛び込み、スポーツ紙の広告を片手にかたっぱしから電話をかけた。まさ子に、まさ子名義で借金してもらうようになったのもこの頃である。

回答要旨5

(5)つらかったこと

　家に帰ると「ドンドンドン」と業者が玄関のドアを叩く音が響く。お金がないのに「いついつまでに払うから待ってくれ」とウソを言って業者を「帰らす」。もはやどの業者に何を言ったかわからない。このため、業者がいつ取立てにくるかを考えると帰宅するのも怖くなる。

　「一番情けなく」「ホンマに死のうと思ったけど、かみさん巻き込んだらかわいそうやから思い直した」。そのときのことを声を震わせながらこう話す。「いっぺんは家帰ろうと思たら、業者が来とんのわかって、ぱあっと2人で隠れて、［近くの］お寺［の境内］で、2人で時間つぶしたんや。……ほんま、あの、寒かったぁ……」。

夜間の取立てが禁じられていることを当時の裕次は知らなかった。寒さで震えるまさ子に、手持ちのお金で買った缶コーヒーで暖をとらせた。薄着のまさ子を見て、帰宅する決心をした。

回答要旨6

(6)解決に向かうきっかけ

裕次は、まさ子と家にこもった。そうした生活に限界を感じていた。業者との関係が変わるきっかけは、自助グループに訪れて業者の生態や業者との交渉の仕方を学んだことである。そこで、業者が裕次を単なる「商売相手」としか見ていなかったこと、裕次も業者を「友人」ではなく「交渉相手」として見るべきことを悟る。

ある日、出社すると、業者が職場で待っていた。裕次は教わったとおり、毅然とした態度で「誰も貸してくれへん」「堪忍してくれ」と繰り返す。そして、職場の者に警察を呼ぶよう頼むと、業者は引き上げた。この体験が裕次に自信を与えた。その後、訪れるほかの業者にも払えないと告げ、「追い返し」た。こうしたことができたのは、背後に自助グループの支えを感じていたからである。破産申立後、業者との関係は「ぷっつり途絶えた」。

回答要旨7

(7)自身が考える原因

平穏な生活と自助グループの支えによって、裕次は冷静さを取り戻す。裕次は、業者から借りたお金を銀行口座に入れていたが、「自分が死にものぐるいで働いたお金やないこと」「家族やまわりのもんにすぐにええ格好したがる」ことによって、残高は「いつの間にか減っていった」ことに気づく。そのことを反省し、ほかの人が同じ過ちを繰り返さぬように自助グループで自分の弱さや甘さを語る。その一方で、「自分が汗水垂らして稼いだお金に執着心がある」のと同様に、1円でも多く融資し、1日でも長く貸すことで「汗水垂らして債務者を作る」業者の冷徹な行動原理に気づく。「こんなん言うたら誤解を生むかもしれんけど、僕はそんな業者のやり方に、まんまとハマってしもたんやね」。

回答要旨8

(8)現状と今後

もとは限られた蓄えと稼ぎのなか、親族への返済金を調達するためだった。裕次は「そんな贅沢したつもりはなくても、ちゃんとつけはあるんです。ちゃんとした生活に戻すには、それ(10年)ぐらいかかります」と振り返る。

Ⅲ 社会につながる

> 借金の免責を得た後も、裕次は自助グループに通い、新しい相談者の話にみずからの過去の姿を重ねる。

ワーク2

裕次のいう「業者のやり方に、まんまとハマった」とはどういうことか

次の3点について考えられることを書いてみよう。①裕次のいう「業者のやり方に、まんまとハマった」とはどういうことか。②過剰債務者はなぜ早くに相談しないのか。③裕次が業者と「決別」できたのはなぜか。

3 過剰債務のメカニズムを理解する

調べたことを考察する

話を聞く技法——インタビュー法　前節で用いたのは、比較的面識のない相手から話を聞いて情報を得るインタビュー法と呼ばれる社会調査の技法である。話を聞く時間は事前におおよそ決められている。したがって、決められた時間のなかで聞きたいことがうまく聞けるように、あらかじめ関連する資料などにあたり、質問項目を用意しておく必要がある。また深く、詳しく聞くには、その人との間の共感的な信頼関係（これをラポールという）も欠かせない。なお、ライフヒストリー法（第12章参照）は、個人の過去から現在までを社会や歴史の状況に関連づけて具体的に記録することを主眼とし、インタビュー法はその手段として用いられる。

インタビュー法の強みは、客観的な事実関係を調べることができるだけでなく、その事実関係を当事者がどう考え、感じているかを知ることができる点にある。それゆえ、過剰債務のように一般にあまり知られていないことがらを調べるのに適すだけでなく、過剰債務に対する当事者の考え方や感じ方を知ることで、新たな課題を発見し、問題解決の糸口を探ることができる。

返済不能な額を「貸す」構造　裕次のような経緯をたどって過剰債務に陥る人はめずらしくない。そこに共通するのは、返済不能な額を

「貸す」構造があるという問題である。

　そもそも過剰債務は、借り手の返済能力を超えてお金を貸す者がいなければ起こらない。この借り手の返済能力を超えてお金を貸す行為は非合理的である。なぜなら、借り手の返済能力を超えた分のお金は返ってこないからである。それでは、業者はなぜ一見、自分が損するような貸付をするのだろうか。家族や友人の間であれば、相手のことを思って、あえて返ってこないお金を貸すこともあるだろう。しかし、業者の目的は利益を上げることである。借り手の返済能力を超えてお金を貸して、もしも借り手が破産したら、まさに「元も子もない」。

　それでも業者が借り手の返済能力を超えてお金を貸すのは、1円でも多く貸し付けて、利息で儲けたいからである。そして、その前提には、ふつうならば返済不能であっても、借り手に「無理をさせれば回収できる」という冷徹な判断がある。無理とは、借り手が生活費や蓄えを切り崩したり、家族や友人、さらに他社から借りたりすることである。裕次も、仕事をそっちのけでお金を貸してくれる業者を探し、とうとう自分では借りられなくなって妻名義で借金をした（回答要旨4）。

　こうした無理をするのも、「借りたものは返すべき」と裕次が強く思っていたからである。当時、業者が刑法で許された年間の金利の上限は約30％（現在は20％）であった。かりに当時の過剰債務の一般的な目安額300万円（無担保・無保証借入5社相当）を1年後に一括返済すると、利息の返済（つまり業者の儲け）は300万円×0.3＝年間90万円となる。元本300万円を利息を含めて1年間かけて返すとなると、月額返済は29.2万円（元利均等方式の場合）である。何軒も業者を回って頭を下げて少額ずつ借りて返済しても、焼け石に水である。借金は雪だるま式に増え、どこからいくら借りたかさえわからなくなっていく。

　とうとう、裕次は、返済の催促を避けるために妻と息を潜めて自宅にこもる。そして、にっちもさっちもいかなくなって、ようやく自助グループの門をたたいた（回答要旨5、6）。このように過剰債務には、「借り手の返済能力以上のお金を貸すという業者の非合理的な行為によって、借り手が返済のために無理を強いられ、その結果、生活が破たんする」という構造が組み込まれている。

　業者にとって、返済のために借り手に無理をしてもらうには、自分たちを

「友人」だと誤認してもらうのが好都合である。業者が「友人」であれば、融資は「好意」に基づくものであり、返済は「友人」の「恩義に報いる行為」になる。「恩義」に反して不義理をすれば、「自分（＝借り手）はどんな仕打ちをされてもやむをえない存在」になる。その仕打ちには、「借入の事実を周囲にバラされる」「一括の返済を求められる」「二度と貸してもらえなくなる」などが含まれるが、不義理をおかした自分はそれを甘んじて受けねばならない、と借り手は思ってしまう。

　過剰債務はそもそも、業者が借り手の返済能力を超えて貸し付けるという非合理的な行為からはじまっている。しかし、上のような思考パターンに陥っている借り手が業者を責めることはない。むしろ、貸付が非合理的であるほど、「返すあてのないこんな自分にお金を貸してくれた」と業者に恩義を感じることになる。

逸脱とラベリング　【ワーク２】「裕次のいう「業者のやり方に、まんまとハマった」とはどういうことか」。それは、返済能力を超えた業者の貸付を「友人の恩義」と誤認し、儲けたい「友人」の甘言で借金を増やして状況を悪化させ、「友人の恩義に報いる」ために無理を重ねたということである。そして、「過剰債務者はなぜ早くに相談しないのか」については、恩義のある「友人」に「不義理をしている」とみずからを責めているため、他者への相談を躊躇するからと考えられるだろう。こうして苦しさをひとりで抱え込むからこそ、自殺といった最悪の事態が起こりうるのである。

　このような過剰債務の悪循環を生み出す要因のひとつは、「借りたものは返すべき」という社会の規則、すなわち「社会規範」（⇨第３章キーワード）である。社会規範とは、社会の秩序を維持するために成員がとるべき望ましい行為を定めた規則であるが、それを守らない者は「逸脱者」とみなされ、罰（非難や排除など）の対象となりうる。このように社会規範をおかした者に「逸脱者」のラベルを貼ることを社会学では**ラベリング**という。

　「借りたものは返すべき」という社会規範に反し、関係の悪化という仕打ちを業者から受ける。裕次の見栄はそんな事態への恐れからくるものだった。もとは親族への返済金を調達するための借入である。もはや業者以外に助けてく

れる者はいない。こうした思いが、業者との決別を躊躇させ、返すあてのない約束をし、問題を悪化させていたのである。

　裕次が問題解決に向かうための最大の難関、すなわち業者との決別を決めることができたのは、自助グループと出会い、同じ問題を共有する人たちと交流し、専門家の支援を受けることができたからである。業者との関係を断っても生きていける。そう思えたから、業者に別れを告げ、業者は彼のもとを去ったのである。すなわち、これが「裕次が業者と「決別」できた」理由である。

ワーク3

ラベリングがさらなる逸脱をもたらす例を1つあげてみよう

　業者からの返済要求は裕次に対する周囲の冷淡な態度を引き起こし、追い詰められた裕次は行き場を失い、業者との関係をさらに深めた。このように、逸脱行為を非難し、逸脱しないよう相手に求めることで、逆に相手にさらなる逸脱をもたらすことがある。そうした例を探してみよう。

グループワーク

ラベリングがなされる状況について考えよう

　グループになって【ワーク3】で書いたことを互いに紹介し、「誰が、どのように、特定の行為や人物を逸脱とみなすか」について話し合おう。

4 社会問題はいかにして起こるのか

考察したことを理論化して深める

「意図せざる結果」

　逸脱の主要な社会学理論は3つある。過剰債務を例にとると、第1は、雇用や社会保障、ローン・クレジット市場、借入を誘引する広告媒体といった社会の文化や制度などの「構造に力点を置く理論」、第2は、借入に踏み出す動機や借入に引き付けられる感情や精神状態などの「行為者に力点を置く理論」、第3は、人びとのやりとり（＝社会的相互作用）の中で過剰債務がどう生じるかに関心を寄せる「社会的相

互作用に力点を置く理論」である（宝月 2004）。本章は第2と第3の観点から見てきた。このうちラベリング論は第3に属す。そのポイントは2つある。

　ラベリング論は、逸脱行為への非難が当事者を逸脱に追いやるという社会規範の逆説的な働きに注目する。社会には、社会規範からの逸脱にラベルを貼ることで、逸脱者を矯正し、同調行動をとらせるというコントロールが埋め込まれている。社会の秩序はこのような**社会的コントロール**によって維持される。ところが、社会的コントロールが当初の意図とは逆の働きをすることがある。すなわち「ラベリングによる逸脱の悪化」という発想がラベリング論の第1のポイントである。この考えにしたがうと、裕次の過剰債務は、業者や職場や近隣などからのラベリングによって悪化したととらえられる。

　社会学者のE. M. レマートは、逸脱を、本人に自覚がなく社会的、心理的条件等によって生じる「一次的逸脱」と、他者からの非難や排除などを契機に本人が自覚して行う「二次的逸脱」に区別した（Lemert 1951）。

　裕次も当初は「ふつうのお客さん」として業者とつきあい、日常においても「ふつうに」振る舞っていた（一次的逸脱）。ところが、業者から何度も返済を求められ、また事態に気づいた職場や近隣の者から冷ややかな態度をとられることで、裕次は自らを「過剰債務者」と自覚する（二次的逸脱）。追い詰められた裕次は、行き場を失い、業者との関係を深める。それを見た周囲の者は、自分たちの判断の正しさを確信し、いっそう彼を排除する——裕次が陥った悪循環は、こうした社会的コントロールの「意図せざる結果」と見ることもできる。

駆け引きによって生ずる社会問題

　ラベリングは自動的に作動するのかといえばそうではない。【グループワーク】では、「誰が、どのように、特定の行為や人物を逸脱とみなすか」は、人びとの利害関心、価値観などをめぐる力関係によって形づくられることが確認されたであろう。このような「駆け引きとしてのラベリング」という発想が、ラベリング論の第2のポイントである。

　この発想にもとづくと、本章のタイトルである「社会問題はいかにして起こるのか？」に迫ることができる。すなわち、社会問題は最初から「ある」のでなく、特定のことがらの原因や責任を社会に帰属させてはじめて社会で取り組

むべき「社会問題」に「なる」。つまり、社会問題は、あることがらを誰の問題とみなすかをめぐる「駆け引きによって生ずる」のである。

このように考えると、あることがらが社会問題に「なる」過程に関心が向く。たとえば、改正貸金業法は、その成立過程で「230万人に上る多重債務者の救済」（消費者保護派）か、「20兆円を超す貸金市場の育成」（市場育成派）かをめぐる激しい論争を引き起こした。社会が消費者保護派へと舵を切ったのは、裕次をはじめとする多くの過剰債務者が自助グループや専門家の支援を得てマスメディアの取材、金融庁の懇談会、国会議員への要請などの場でみずからの体験を語ったことが大きい。つまり、過剰債務は、「業者が熾烈な競争の下、法律の隙間を縫って過剰な貸付をし、借り手を生活破たんや自殺に追い込んでいる」という見方が一定の共感や理解を得たことにより、社会問題になったのである。

人びとの相互作用を通じて「生み出すこと」も、「悪化させること」も、また「解決すること」もできるのが社会問題なのである。

ホームワーク

社会問題の発生過程を考えてみよう

社会問題の例を1つあげて、その発生過程を考えてみよう。その際、本章で扱った議論（ラベリング論、社会的コントロールなど）に関連づけて分析しよう。

キーワード

社会問題

個人の責任のみに帰すことができないと認識された、悩み・不安・苦痛などの問題状況。「問題状況が社会で広く見られる」「解決には社会の取組みが必要」といった認識が社会に広がることで、個人の問題状況は「社会問題」になる。つまり、社会問題は、ある問題状況の原因や取組みなどをめぐる、社会的な認識の産物である。

ラベリング

社会学者 H. S. ベッカーによれば、社会や集団が、「これをおかせば逸脱」となるような規則をもうけ、それを特定の人びとにあてはめ、彼らに「アウトサイダー」(＝規則からの逸脱者)のラベルを貼ること。逸脱はその人の行為に由来するものと見るのではなく、社会や集団がその人に規則をあてはめたことによるものとみる。規則の恣意性や、逸脱者に対する社会の反応が逸脱を悪化させる点に着目する。

社会的コントロール

社会規範への同調を促す報酬や罰のこと。サンクションとも呼ばれる。社会は、社会規範に同調的な行為に肯定的な反応(報酬)を、逸脱的な行為に否定的な反応(罰)を与えることで秩序を維持する。

ブックガイド

赤川学『社会問題の社会学』弘文堂、2012 年

本章で紹介したラベリング論の第 2 の発想を継承する「構築主義」の立場と手法を紹介し、あることがらがいかなる過程を経て社会問題になるかを、青少年保護育成条例の改正過程を事例に用いて考察する。

徳岡秀雄『社会病理の分析視角——ラベリング論・再考』東京大学出版会、1987 年

ラベリング論の発想が逸脱現象を分析する有効な視角であることを、日米の非行や犯罪に関する豊富な事例と研究を交えて提唱する。のみならず、非行対策を念頭に、ラベリング論が含意する政策の不介入主義を乗り越えて、積極的な介入を行う必要性を提言する。

ベッカー、H. S.『完訳アウトサイダーズ——ラベリング理論再考』村上直之訳、現代人文社、2011 年

マリファナ喫煙者、禁酒法の成立、ジャズミュージシャンなどの事例を取り上げて、逸脱現象が起こるしくみを描く。この本が示した「ラベリング論」は後の逸脱研究に大きな影響を与えた。インタビューや参与観察を用いた社会調査の古典でもある。完訳版。原著は 1963 年刊。

第11章 ワークシート

1. 過剰債務に至るまでの出来事を考えてみよう

過剰債務に至るまでにどのような出来事があるだろうか。身近な人や自分自身にあてはめて考えてみよう。

_____

_____

2. 裕次のいう「業者のやり方に、まんまとハマった」とはどういうことか

次の3点について考えられることを書いてみよう。①裕次のいう「業者のやり方に、まんまとハマった」とはどういうことか。②過剰債務者はなぜ早くに相談しないのか。③裕次が業者と「決別」できたのはなぜか。

① _____

② _____

③ _____

3. ラベリングがさらなる逸脱をもたらす例を1つあげてみよう

業者からの返済要求は裕次に対する周囲の冷淡な態度を引き起こし、追い詰められた裕次は行き場を失い、業者との関係をさらに深めた。このように、逸脱行為を非難し、逸脱しないよう相手に求めることで、逆に相手にさらなる逸脱をもたらすことがある。そうした例を探してみよう。

_____

_____

基礎ゼミ　社会学

第12章
社会運動って特別なもの？
——NPO／NGO、ネットワーク、新しい社会運動

宮垣　元

1 社会の矛盾や課題にどう向きあう？

問いを発見する

他者の問題につながる

「社会運動」と聞くと、少し身構えてしまうか、あるいは自分とは関係のない、どこか遠い世界の言葉と思うかもしれない。たしかに、「社会」は自分では制御できないもので、「運動」が反抗や抵抗を連想させるものだとすれば、「自分とはかかわりのないどこか遠くの問題」を「自分とは縁のない人たち」のすることとして、現代の大学生の多くは興味や関心をあまり抱かないかもしれない。しかし、「社会」を「日常の生活」、「運動」を「ある目的や関心のための働きかけ」ととらえると、この言葉に連なるさまざまな活動や現象が、じつは自分の身のまわりに満ちあふれていることに気づくだろう。たとえば、大学生にもより身近な存在であるボランティアやNPO／NGOにも、「社会運動」的な視点でとらえることのできるさまざまな要素が詰まっている。

改めて私たちの生活を振り返ってみると、まず寝食などの日々の営みがあり、学校か仕事に行き、サークル活動やアルバイトに時間を費やし、余暇には好きなことをして過ごすというように、当然ながら、日々自分の必要や欲求に基づいて暮らしている。しかし一方で、あるいはその延長に、自分のみならず皆に共通の関心があり、そのことに励まされたり問題意識をもったりし、あるいはそのために活動を行う「担い手」としての姿がある。

たとえば、大学生であれば、サークルやゼミの運営にかかわって頭を悩ませ

ることは多くの人が経験することだろうし、自分の家族をもつようになると、居住する地域や子どもが通う学校のかかわりのなかで、皆のためにさまざまな役割を引き受けることがある。安心で健康によいものを食べたい、子どもたちに変わらぬ故郷の景色を見せたい、同じような境遇の人の存在に勇気づけられる、などなど。あげればきりがないが、ありきたりの日常ですら、自分と同じ想いや関心、課題を介して他者とつながっている。

身近にある社会運動 私の問題が他者の問題につながっていることを強烈に感じ、それにうながされて行動に移す場合もある。
1995年の阪神・淡路大震災の際には、当初3か月の間にのべ117万人のボランティアが被災者支援にあたったが、その中には大学生を中心とする多くの若者の姿があった(兵庫県 2006)。2011年の東日本大震災においても同様に、多くの若者が被災地の内外で活動を行った。同じ2011年にアメリカのマンハッタンで起こった経済格差に抗議するデモ「ウォール街を占拠せよ」も、若者のソーシャルメディアの活用を背景に大きな広がりを見せた。NPOや社会起業家など、若者を惹きつける新しいタイプの活動も増加が著しい。じつは、時代や国にかかわらず、こうした活動の主役が若者であるという事例は少なくない。

ここに共通することは、なんらかの状況に違和感をもち、それを「他人ごと」とせず自分にもかかわりのある問題ととらえるような一種の「気づき」である。そして、その状況の背後にある課題を発見し、「何かできることはないか」と、仲間を見つけ改善を訴えたり行動したりする点で「社会運動」的だといえる。職場の同僚やママ友との会話といった日常生活のなかのコミュニケーションが、あるいは、テレビやネットが伝える出来事が、こうした契機となることもある。実際にソーシャルメディアの広がりで、そうした機会も可能性もいっそう広がってきている。

社会は個々人の集合だが、巨大で複雑なシステムとなった現代社会において、それを個々人が作り運営しているという実感は乏しい。個々人は制度や規範や文化など、社会に規定されながら生きている側面もあるので、なおさらそうだろう。しかし、1人ひとりの気づきや行動が、他者のそれとつながることで、

既存の状況を変革したり、新しい制度や規範や文化を生み出すこともある。社会運動とは、こうした個々のつながりからさまざまなレベルの社会システムの変革につながる一連のプロセスのことを指す。このようにとらえれば、身のまわりで起こるさまざまな事象のなかにも社会運動の要素を見出すことができるだろう。

ワーク1

あなたの参加する集団・組織・社会で感じる課題はなんだろう

クラスやサークル、アルバイト、地域社会など、自分が参加する組織や集団、地域で覚える違和感を書き出してみよう。そのうえで、なぜそう感じるのかについて、個人的な理由ではなく、集団や組織、社会自体の特性から見た要因を考えてみよう。

グループワーク

課題を共有してみよう。そして何ができるだろう

【ワーク1】の内容を皆に説明し、共通項や違いを整理するなどして、意見を出しあってみよう。そのうえで、グループで考えたい課題を1つ決め、それを「どうすれば変えることができるか」、とくに「自分たちから取り組めること」について具体的な解決策を考えて発表してみよう。

2 ライフヒストリー法でプロセスを読む

問いにしたことを調べる

プロセスとしての社会運動

前節の【ワーク1】は、「私たちの」問題がじつは日常に少なからず存在することに各自が気づくことを意図したものだが、実際に【グループワーク】でそれを皆と話しあう際に、さらに新たな気づきや問題意識につながるということがあったのではないだろうか。あるいは、属する集団や組織、私たちが生きる社会の構造や制度、文化に起因する矛盾や社会問題など、それぞれの課題に共通する問題や解決の糸口に

まで話が及んだかもしれない。日常のなかでの「私の」気づきや問題意識が、他者と共通する「私たちの」問題となり、そのために行動するプロセスもこれと同様といえる。

　ここで重要なことは、こうしたやり取りのなかで他者と出会い、問題意識が浮き彫りとなり共感が広がることで、個々人がつながり、**ネットワーク**や集団・組織が形成されていく点にある。最初は個々の小さな気づきかもしれないが、それがつながり、広がることで、ときに環境や平和、災害救援や福祉、人権など、多くの人に共通することがらが課題や問題となっていく。このプロセスで、具体的な活動や運動が目に見えるかたちで生じてくるだろう。

　このように、「社会運動」とは、何かに反対・対抗したり主張を述べるという行動や思想のみをいうのではなく、問題への気づきから行動が生じ、集団や組織が形成され、なんらかの社会変容に至るまでの一連のプロセス全体を指す。したがって、社会運動を分析する際には、こうしたプロセスがどのように起こり、どのように他者や集団を巻き込みながら活動を展開し、どのような社会的なインパクトをもたらすに至るのか、が基本的な問いとなる。このプロセスにはさまざまな要因と影響が考えられるから、誰が、なぜ、どのように、何を行い、それが何につながり、何を生み出し、といったことが、分析する際の視点として重要になるだろう。

　では次項から、《ボランティアやNPOがどのように展開するか》という問いを立て、具体例として1995年の阪神・淡路大震災におけるボランティアと民間非営利組織（以下NPOとする）の展開過程を考えていくことにしよう（事例の詳細は平松・鵜飼・宮垣・星（2010）参照）。

**震災ボランティアと　**　ボランティアやNPOについては、学生にも身近で
NPOについて調べる　その様子に触れる機会も少なくないし、あなた自身や友人が実際に活動を行っているということもあるだろう。

　よく知られるように、神戸市を含む兵庫県南東部を中心に襲ったマグニチュード7.3の大地震は、死者6,400人超を含む被害をもたらした未曾有の都市型災害であった。当時の映像を見たことがある人もいるのではないだろうか。この被災地での支援活動や復興活動に尽力したのが、県内外はもとより海外か

らも駆けつけたボランティアであった。震災後3か月間でのべ117万人ともいわれるボランティアが活躍し、そのことが日本におけるボランティア観を大きく変え、後のNPOや社会起業家などにも連なる転換点になったといわれている。当時のボランティアの多くは「いてもたってもいられず」自分にできることを行ったのがはじまりで、それがやがて集団や組織となり、さらに活動経験のなかの気づきから災害後の新たな事業や社会変革のきっかけになった。

このように阪神・淡路大震災時にボランティアとして活躍し、その後もNPOの代表として活動をつづけるキーパーソンやその組織は少なくない。ここでいうキーパーソンとは、多くの活動のなかで重要な役割を担ったり、その後の展開の契機を作ったり、あるいは組織や制度を生んだりした人のことを指す。こうした人たちの経験を通して、阪神・淡路大震災から今日までの組織や活動の展開過程を見ることができるだろう。

ここでは、そんなキーパーソンのひとりとして、兵庫県で最初にNPO法人として認証された「コミュニティ・サポートセンター神戸」（以下、CS神戸とする）の理事長である中村順子氏を取り上げる。CS神戸は、震災時に支援活動を行っていた中村氏が1996年に設立し、NPOの設立や運営支援をはじめ、150を超える活動や事業を展開している。神戸市を中心に兵庫県全体において影響力も大きく、また全国的にもよく知られるNPOである。中村氏はどのような経緯でこの活動をはじめ、今日に至ったのであろうか。

ボランティア・NPOへの参加経緯

「仕事の退職後に私も何かできないか」。1982年、夫と子ども2人の家族で大阪から神戸に転居してきた中村氏がそのようなことを考えている頃、市の広報でたまたま知ったのが、地元で住民参加型により在宅福祉サービスを行うボランティア団体「神戸ライフ・ケアー協会」であった。商社と広告代理店での会社員経験のある中村氏だったが、第2子の子育て期に仕事と育児の両立の難しさに直面し、仕事を辞める決断をしていた。しかし、実際に専業主婦として生活を送るなかで「社会のなかで何かしたい、働きたい」という気持ちが強くなったのだという。福祉もボランティアもはじめてだった中村氏であったが、有償のボランティア活動であれば無理なくつづけることができそうと考え、設立直後の団体に参加する

こととなった。中村氏は当時35歳、団体最年少だったという。

ボランティアが無償であることが一般的な時代であったので、サービスの対価や低額ながらも活動者への支払いがある有償でのボランティア活動は当時珍しく、このしくみが設立後すぐに話題となり、多くの団体から人を受け入れることになった。中村氏もボランティアのコーディネーターや事務局スタッフとして対応に追われることとなる。このなかには、たとえば、同じ区内のコープこうべ「くらしの助け合いの会」や、こうべ市民福祉振興協会など異なるタイプの非営利団体も含まれており、後者については、1985年に中村氏が出向くかたちで1年間勤務している。まだ「NPO」という語が日本になかった時代に、これらさまざまな取り組みを通して中村氏はその組織運営の経験を重ねることとなったのである。

1990年代に入り、神戸ライフ・ケアー協会への注目もいっそう高まり、同時に他の団体とのかかわりも増えていった。なかでも大きかったのは、全国規模で活動を行う「さわやか福祉財団」の堀田力氏や、「長寿社会文化協会（WAC）」の下河辺淳氏など、その後のNPOの興隆に大きな影響を発揮する人びととの関係が生まれたことであったという。

また1994年には民間財団からの助成で、中間支援組織の研究会へ参画した。中間支援組織とはボランティアやNPOなどの市民活動を支える団体の総称で、中村氏は震災直前に、こうした活動の必要性や可能性について学び、意見を交わしていたのである。この間のかかわりのなかで、後にNPOの発展に大きく寄与した仙台（せんだい・みやぎNPOセンター）の加藤哲夫氏や奈良（奈良まちづくりセンター）の木原勝彬氏とも出会ったという。当時、神奈川ワーカーズ・コレクティブ連合会にいた小川泰子氏との出会いもこの頃であった。いずれも、NPOやそれを支える中間支援組織の世界では非常によく知られたキーパーソンである。

震災という転換点　こうしたなかで1995年1月17日に阪神・淡路大震災が起こり、中村氏のいた神戸市東灘区も甚大な被害を受けた。みずからも被災した中村氏は、水汲みのボランティアを行いながら、震災の緊急時において福祉サービスに特化した当時の所属団体のなかでは、

Ⅲ　社会につながる

できることが限られていることを痛感し、同年2月初頭に被災者支援を行うボランティア団体「東灘地域助け合いネットワーク」を仲間とともに立ち上げることとなる。この設立に力となったのが、前述のようなそれまでに関係を築いてきた多くの人や組織であったという。当初は幼稚園の園庭を拠点に、その後仮設住宅へと活動の場を変えながら、被災者の生活支援やコミュニティ支援の活動をつづけた。

　他方、県外からの多くの支援がなされ、またやがてそうした復旧支援活動が終息していくなかで、中村氏にはひとつの問題意識が芽生えていた。「いつまでも支援されるばかりでなく、これからは自分たちでやっていかなくては」という気づき、すなわち、被災者自身の行動の必要性であった。こうして地域住民の自立と共生に基づくコミュニティづくりを行うサポートセンターとして設立されたのがCS神戸であった。

　設立からしばらくは、中村氏の知りあいの広域的な団体、もしくは個人的な働きかけや資源に頼った活動が多かったという。まだ地縁団体との接点も少なく、「(地縁関係を素通りして)個々の住民に直接働きかける活動のほうが多かった」と中村氏は振り返っている。

CS神戸設立後の展開　その後の流れを概観してみよう。まず2000年頃になると、法人格の取得にともなって行政とのかかわりが急速に増えることになる。兵庫県の「生きがいしごとサポートセンター事業」は、コミュニティ・ビジネス推進のため地域での起業やボランティアの支援を行うもので、中村氏の働きかけもあってはじまったものである。同時期に介護保険制度もはじまり、中村氏も先駆けて市内の他団体と地域福祉サービスのネットワーク構築を進めた。これらの事業をはじめ、震災後に生まれた新しいNPOとのつながりが多くなっていったのもこの頃だという。「ひとりでできることは限られているので、皆でつながらないとやっていけない」(中村氏)という震災時のボランティア以来の実感がその背景にある。

　個々に地域住民に働きかける活動が認知されていくにつれ、今度は地域の団体の側からの相談や働きかけにより行う事業が増えていったという。たとえば、近隣住民からは高齢化に対応したコミュニティバスの相談が持ち込まれ、住民

と市やバス事業者との協働の枠組みを構築し、「くるくるバス」という名のコミュニティバスとして実現し大きな注目を集めた。

　また、2003年には指定管理者制度がはじまり、公共の施設をNPO法人を含む民間事業者が運営できるようになったことを受けて、CS神戸も駅前駐輪場の管理運営を開始した。「はじめは、なぜNPOが駐輪場の管理をするのかと、だいぶ批判もありました」と中村氏が言うように、周囲の反応は芳しくないものだったが、中村氏のねらいは、毎日決まって多くの人が利用する駐輪場をコミュニティの結節点と位置づけるとともに、管理者に障がい者などを雇用することで、この事業が多様な人がかかわれる「社会的包摂」の場になるということにあった。こうした事業には大きくなった組織を安定的に運営するという意味もあるが、それまで地域住民とかかわってきたなかで、実際に存在する課題やニーズへの気づきがなければ出てこなかった発想だといえる。

　2008年頃からはさらに地域全体にかかわる事業が増えていく。とくに2011年の東日本大震災では、中村氏もいち早く支援活動を行った。神戸市へ避難している世帯への支援に加え、壊滅的な被害のあった岩手県の大槌町では、住民主体のコミュニティ形成やNPO立ち上げ支援などを行っている。中村氏の阪神・淡路大震災の経験から、地域住民がみずから復興を担えることが重要であると考えてのことであった。

> **ワーク2**
>
> **CS神戸の活動の変化を読み解く視点を考えてみよう**
> 　中村氏の気づきからCS神戸設立、そしてその後のプロセスについて、どのような視点から、どのようなことがいえるだろうか。また、自分が追加調査をすることを想定し、ここで示した内容では足りないと思われること、もっと知りたいと思うことについて考えてみよう。

3 NPOを組織／ネットワークとして考える

調べたことを考察する

活動の展開をどのように調べたか

前節でみたCS神戸の活動経緯は、紙幅の関係もあり、インタビューにより伺ったお話をごく短く要約し再構成したものである。もとになった中村氏の語りはインタビュー法（第11章参照）によるものであるが、実際のお話は、時系列が前後したり、断片的であったり、記憶が曖昧なところなどがつきものだから、インタビュー記録をもとにしつつも、それ以外の方法を組みあわせてより全体像に近づいていく必要がある。こうして「ライフヒストリー」が構成される。

この事例の場合では、まず事前調査として、活動の大まかな流れや団体の概要を知るために新聞記事やホームページなどで情報を得ることからはじめた。NPO法人の場合、活動の目的や組織について定めた定款や、毎年の事業内容や収支などの事業報告書が公開されているため、これらから団体の略歴を作成することができる。また、特徴的な活動については新聞記事として紹介されるし、過去の調査報告書や書籍からもさまざまな情報を得ることができる。これらはデータベースを活用したり、行政や調査機関の公開する情報から知ることができるだろう。書籍については、山下・菅（2002）、西山（2007）、原田ほか（2010）などがある。事前にこうした調査を行うことで、時系列に何が起こったかを大まかに理解し、どの話から伺うかを考えることができた。こうすることで、「なぜ、何がきっかけで、誰と、どのように」といった、事実と事実をつなげる情報を聴くことができるし、それらに対する主観的な意味づけに集中することができる。

このように、社会運動の過程を理解するためには、単にインタビュー調査のみを行えばよいのではなく、関連する資料や文献、記事なども用いながら、活動過程の全体像にできるだけ迫ることが必要になる。ライフヒストリー法は調査対象となる個人の主観的な語りに焦点をあて、それをさまざまな資料とも突きあわせながら再構成する方法であり、その点で組織や活動の過程を担い手の視点から理解し分析することに有用であると考えられる。ここで大事なことは、インタビュー調査を行い、それを整理し、また調査を行っていくという繰り返

しにある。こうした過程にこそ調査結果を読み解く視点や知見を見出すヒントが隠されているからである。

資源としてのネットワーク　当事者の視点から過程をたどることでわかるのは、「なぜ、どのように」人が集まり活動を行ったか、それが社会や個人に何をもたらしたか、なぜ成功（失敗）したと思うのかの理由などである。【ワーク2】でも、この事例から何がいえるかについて考えてみた。また、ここでの記載内容では不十分で、さらにこうしたことも知りたい、知る必要があると思ったとしたら、それらは新たな問いや調査を生むきっかけとなるに違いない。ここでは、調査事例から導けることや、分析をする際のいくつかの視点について考えてみよう。

　まず、1995年は多くのボランティアが活動を行った「ボランティア元年」として知られるが、そうした状況は震災時にゼロから生まれたのではなく、その土壌となる歴史があったことがわかるだろう。中村氏の場合、たとえばそれは、全国に先駆けて住民参加型の在宅福祉サービスを行った「神戸ライフ・ケアー協会」の存在であり、震災以前における全国のNPOのキーパーソンとの出会いである。中村氏のこれらの経験やつながりが、震災時に迅速で柔軟な対応を可能にしたと考えられる。

　次に、中村氏自身これまでにさまざまな取り組みを行ってきているが、（もちろん個人や組織の努力は大きいにしても）いずれも独力で行ったものではないという点であろう。中村氏自身がまさに「つながらないとやっていけない」というように、組織の設立にしても事業の実施にしても、中村氏を取り巻く人間関係があって実現できていることが少なくない。「組織の目的のためにつながりを構築した」というよりも、これまで培ってきた「個人と個人のかかわりのなかから活動や事業が生み出されてきた」という側面がある。NPOとして事業を行うことはさまざまなコストやリスクを負うことでもあるが、こうした個人の「ネットワーク」が組織を越えてつながり、それが組織活動を可能にする資源として動員されていることが考えられる。

Ⅲ　社会につながる

NPOのダイナミズム

こうした成り立ちに目を向けると、NPOという組織が、企業や行政といった私たちのイメージする他の「組織」とはさまざまな点で異なるということにも気づく。

たとえば、被災者自身の自立と共生の必要性についての中村氏の気づきがCS神戸設立の動機であった。復旧から復興へとステージが移行し、地域外から駆けつけたボランティアが帰っていくなか、そしてともすれば受け身一辺倒の立場になってしまう被災者とのかかわりのなかで、自分たちの問題を自分たち自身でという「当事者」としての問題意識が芽生え、その立場から活動をはじめている。こうした「当事者性」はNPOにとくに強く見られる特性だろう。

また、実際の活動や事業の変遷をみると、急速にその数が増加することに加え、その内容も時期により変容し多様になっていることがわかる。具体的には、被災者の自立支援を行っていた設立初期、地域福祉のネットワーク構築を行う時期、近隣住民の地域ニーズに応える時期、行政との協働や事業委託を行う時期など、自立と共生という大きなテーマを掲げることに変わりはないが、実際の活動の目的や主軸は変容している。CS神戸は中間支援組織として知られるが、今日では地域住民に直接サービスを行う事業も増えている。これらの背後には、地域の状況や社会の変容にあわせた柔軟な活動目的の変化が見られる。

じつは、こうした「柔軟性」は目的についてだけにいえることではない。そもそも、NPOは有給の専従スタッフだけでなく、有給や無給で不定期に運営に参加するスタッフ、学生などを含む多くのボランティア、資金的に支える人たち、さらにはそこを居場所にしている人などなど、多種多様な人で構成されているし、つねに流動的である。CS神戸のように長く活動を行なっていればなおさらそうだろう。その意味では、組織というよりも、こうした人びとのダイナミックなネットワークの総体としてとらえたほうがより実態に近いのかもしれない。

さらに、多様な事業・活動は、組織活動を持続的に行うための事業収入があるものと、事業収入にはつながらないが組織のミッションを達成するために行うものからなり、こうした「事業性」と「運動性」のバランスのなかで活動が行われている。NPOの姿を社会変革を行う組織としてとらえている人は事業性の一面に、逆に企業のような採算性からNPOの組織としての合理性を理解

しようとする人は運動性の一面に、それぞれ新鮮な驚きをもつかもしれない。

　いずれにせよ重要なことは、活動の目的や組織の構造にしても、運動性や事業性にしても、はじめからそのことを企図したものではなかったということだろう。当初「いてもたってもいられず」にはじめた被災者への支援活動が、活動を行うなかでの課題や必要性から、あるいはかかわる人びとからの声により、そうした活動や組織になっていった。つまり、はじめから社会運動だったのではなく、いわば、社会運動になっていったのである。

> **ワーク3**
>
> NPOの成立・展開過程の事例分析をしてみよう
> 　本章の事例から（自分自身で調べた事例でもよい）、企業や行政、地域コミュニティやサークル活動など、他の社会集団との違いを意識しつつ、NPOの特性や、NPOが成立し活動が行われるためにはどのような条件が必要か考えてみよう。その際、人やその人を取り巻く関係から生じる変化・変遷にも着目し、組織の成り立ち、人びとのかかわり方や生み出している価値など、【ワーク2】で考えた視点からまとめてみよう。

4　多様な社会運動から何を見出すか

考察したことを理論化して深める

合理的個人がなぜ社会運動を行うのか

　冒頭で述べたように、社会運動というと、何かに抗議したり反対する光景を思い描くかもしれないが、これらも本章で考えたNPOも、個々人が社会状況に対しなんらかの問題意識を抱き、彼・彼女らが集まって行動を起こし、なんらかの社会的変革を生み出そうとするさまざまな過程をもつ点で共通する。

　そしてその過程のなかには、同時に私たちが現代社会そのものを理解するためのさまざまな問いも含まれている。たとえば、こうした集合行動は、人びとが自己の利益のみを追う合理的個人であると仮定すれば起こらないはずではないだろうか。なぜなら、仮に社会への不満があったとしても、自分が改善のコストを負担するよりほかの誰かが担ってくれたほうがよい、つまりただ乗り

（フリーライダー）したほうが合理的だからである。しかし現実は、多くのボランティアや NPO の存在が示すように、みずから他者にかかわる問題を引き受けて活動する人は少なくない。

　このことをどう説明したらよいだろうか。ひとつの説明のしかたは「資源動員論」と呼ばれるもので、こうした運動を行う際に必要となる資源（資金や時間、知識や技能、ネットワークなど）に着目すると、それら資源の量とそれらを動員できる可能性があれば、人はこうした活動に参加するというものである（塩原編 1989）。人は社会に対し無関心ではなく、生きているうえで必ずなんらかの不満や問題意識をもっている。このことを前提にすると、こうした運動が可能となるのは人びとをその運動に動員できる資源とその可能性なのであり、言いかえるなら、参加するコストに見あうベネフィットがあると考えれば、人びとは合理的計算の帰結として活動に参加しうるだろう。つまり、社会運動は非合理的あるいは情動的な行為ではなく、合理的なものとして説明できるという考え方である。

　設立時における CS 神戸の場合でも、他団体からの支援や中村氏の蓄積したネットワークなどの資源があり、NPO に対する期待の高まりなど、そうした資源を活かす外部環境があったことが大きいと考えられる。NPO 法成立を後押しする政治状況や、ボランティアや NPO の可能性を感じずにはいられなかった県や市などといった、当時の「政治的機会構造」も強く影響したと考えられる。

「問い直し」としての社会運動

　しかし、NPO を旧来のイメージでの社会運動として理解するだけでは、その全体像をみたことにならないかもしれない。「新しい社会運動論」がいうように、社会運動には自主的で自律的な市民社会を構想するという側面がある。CS 神戸は地域の抱える課題に取り組み、ときに自治体や企業に働きかけながら事業を展開している。そのなかに、行政や企業の姿勢に変革を求めたり、新しい施策や制度を実現したりするという運動的側面を見出せる。これは市場（企業）や国家（政府）に対して、「私たちの生にかかわることは私たちが決める」という姿勢の表出ともいえる。

　他方で、行政や企業と協働を行い、事業収入を得ながら組織運営を行ってい

るという点では、事業体としての側面も強い。さらに「自立と共生」をテーマに掲げながら、具体的な事業や活動目的は地域や社会の状況に応じて柔軟に変化させてきた。これらの要素に旧来の社会運動とは異なる側面を見出せる。

そもそも、こうした多様な側面をもつNPOを社会運動として位置づけること自体に多くの議論があるが、ここでは、むしろNPOの存在が社会運動をとらえる枠組みを大きく広げていると理解したい。こうした見方の延長線上に、NPO特有の組織参加や組織構造、社会起業家やNPOで働くという新しい社会参加のかたちを位置づけることもできるだろう。いずれも、活動目的でなく参加自体が価値となっているケースやネットワーク的な組織形成、社会性と経済性を両立するような働き方を模索する動きなど、高度に複雑化・制度化される社会のなかで対抗的に新しいライフスタイルを獲得する営みと理解できるからだ。

このように考えると、私たちの日常から遠いものに見える社会運動を考えることが、私たちの生きる社会の理解や問い直しにつながっているということがわかるだろう。

ホームワーク

ある組織や組織の活動が、どのように生まれ、何を生み出したか論じよう

自分の関心のある分野のNPO／NGOを調べ（【ワーク3】で調べた事例でもよい）、組織そのものや組織が取り組む活動が、どのような経緯で生まれ、個人や組織や地域、社会全体に何を生み出したかについて論じてみよう。その際、こうした営みがなぜ可能であったのか、どのような社会背景と関連しているのかについても考えること。より本格的に取り組みたい場合は、実際に聞き取りや資料を用いたライフヒストリー法に挑戦してみよう。

III　社会につながる

> キーワード

NPO／NGO

　NPO は Nonprofit Organization もしくは Not-for-Profit Organization（非営利組織）、NGO は Non-governmental Organization（非政府組織）の略。前者は対市場に、後者は対政府に力点があるが、どちらも非営利で非政府で公共性の高い活動を行うという点で共通している。多種多様な組織が含まれるが、一般に「NPO」という際には、市民の自発性を基盤とする「狭義の NPO」を指すことが多い。事業的側面と運動的側面がある。

ネットワーク

　主体間のつながりのことだが、社会運動論ではそのつながり方（ネットワーキング）に関心がある。1980 年代、巨大システム化する社会に対し、そのオルタナティブとして草の根的に価値や目的を共有する市民のつながりに関心が集まった（リップナック／スタンプス 1984）。タテ型の組織とは異なり、自発的でヨコ型につながることで問題解決を行う方法論でもある。古い議論だが、災害ボランティアや SNS の広まりなど、情報社会の進展を背景にむしろリアリティが出てきた。

新しい社会運動

　それまでの労働運動のような階級闘争的な社会運動に対し、環境や食の安全、女性の権利、エスニシティやマイノリティの問題など、1960 年代以降に現れた社会運動の総称。論者によりさまざまな説明があるが、ポスト産業社会の周縁部の人びと（担い手）、ネットワーク的なつながり（形態）、シングル・イシュー（課題設定）などに新しさを見る。今日では NPO として活動を行う場合も少なくないが、そもそも NPO はこれらと異なるものとする見方や、延長線上に位置づける見方がある。

> ブックガイド

大畑裕嗣・成元哲・道場親信・樋口直人編『社会運動の社会学』有斐閣、2004 年

　社会運動論を学ぶための初学者向けテキストは案外少ない。そのなかにあって、広範な事象を扱いながら、歴史や理論、調査法にまで目配りのきいた良書。巻末に詳細な読書案内もあり、大学生がはじめに手にする本としてお薦めしたい。

金子郁容『ボランティア――もうひとつの情報社会』岩波新書、1992 年

　社会運動の本ではないが、「ボランティア」が人助けにとどまらず、社会とのかかわり方や関係の作り方であることを示すなど、ネットワーキングとしてのボランティア観を提示した。今日の NPO／NGO を考えるうえでも重要な 1 冊。副題の意味も考えてみてほしい。

メルッチ、A.『現在に生きる遊牧民（ノマド）――新しい公共空間の創出に向けて』山之内靖・貴堂嘉之・宮崎かすみ訳、岩波書店、1997 年

　数多くある社会運動論の古典のなかで近年大きな影響を与えたものを 1 冊。新しい社会運動を、情報が主要資源となる複合社会におけるアイデンティティの問題と関連づけて論じた。社会運動を、政治ではなく文化的な側面に引きつけて理解する枠組みを提示している。

第12章 ワークシート

1．あなたの参加する集団・組織・社会で感じる課題はなんだろう

クラスやサークル、アルバイト、地域社会など、自分が参加する組織や集団、地域で覚える違和感を書き出してみよう。そのうえで、なぜそう感じるのかについて、個人的な理由ではなく、集団や組織、社会自体の特性から見た要因を考えてみよう。

違和感や矛盾・不満	集団や組織、社会に固有の要因
例：ゼミ合宿ではいつも女性が料理担当と言われる	「女性がすべきこと」という規範が強い

2．CS神戸の活動の変化を読み解く視点を考えてみよう

中村氏の気づきからCS神戸設立、そしてその後のプロセスについて、どのような視点から、どのようなことがいえるだろうか。また、自分が追加調査をすることを想定し、ここで示した内容では足りないと思われること、もっと知りたいと思うことについて考えてみよう。

視点	いえること	さらに知りたいこと
例：組織の目的	活動目的が被災者支援から自立、まちづくりへと変容してきている	変容を生んだ組織内外の要因

3．NPOの成立・展開過程の事例分析をしてみよう

本章の事例から（自分自身で調べた事例でもよい）、企業や行政、地域コミュニティやサークル活動など、他の社会集団との違いを意識しつつ、NPOの特性や、NPOが成立し活動が行われるためにはどのような条件が必要か考えてみよう。その際、人やその人を取り巻く関係から生じる変化・変遷にも着目し、組織の成り立ち、人びとのかかわり方や生み出している価値など、【ワーク2】で考えた視点からまとめてみよう。

NPOの特性や成立の条件	比較対象とその内容
例：組織の目的	行政の場合、個別の部門であっても、組織内や議会の意思決定を経る必要がある。NPOは、周囲とのかかわりのなかで活動目的を柔軟に変えている。

基礎ゼミ　社会学

第13章
自然環境といかに向きあうか？
——科学技術、リスク

青木聡子

1 自然環境と私たち

問いを発見する

自然環境とは何か　「自然を大切にしよう」とか、「環境を守ろう」といったフレーズは、あなたの身のまわりでもごくふつうに見聞きされるだろうし、このフレーズに異を唱える（「自然は大切にしなくてもよい」、「環境を守る必要はない」とする）人は、まずいないだろう。自然環境には価値があることや、それを保全していくことの重要さは、私たちの間で広く共有され、あたりまえのこととされている。だが、あえてこのあたりまえについて掘り下げて考え、そもそも「自然環境とは何か」を問うところから話をはじめたい。

守るべき自然とは何か、どうやって守るのか　あなたの大学のキャンパスには立木があったり、芝生が植えられていたりするだろう。では、それらの"緑"は自然環境だろうか、それとも自然環境ではないだろうか。また、それを判断する際の基準はなんだろうか。

こう問いかけられたとき、答えはまず大きく2つにわかれるだろう。キャンパスの立木や芝生などの"緑"は自然環境であるとする考えと、そうではないとする考えである。さらに、後者の理由としては、「立木や芝生は人工的に植えられたものだから」や「立木や芝生には人の手が加わっているから人工物だ」といったものが出されるだろう。

こうして見ると、ここで立木や芝生が自然環境か否かを判断する際に基準とされているのは、人の手が加わっているかどうかという点である。人の手がまったく入っていない状態のみを自然とするのか、それともある程度は人の手が加わっていても自然と見なすのかで意見はわかれるだろうし、さらに後者のなかでも、人の手が加わることをどの程度まで許容するのかによって意見がわかれるだろう。

　だが、ここで身も蓋もないことをいってしまえば、立木や芝生が自然か否かについての議論に決着をつけることがこの章のねらいではない。「自然環境とは何か」という根本的な問いをめぐってすら、さまざまな考え方が存在するということが、ここでの議論でわかってもらえたはずである。さらには、「自然環境とは何か」をめぐってさまざまな考え方が存在するのは、各人が「望ましい」と思う自然にバリエーションがある（たとえば"手つかずの自然"か"ある程度人の手の加わった自然"か、といったように）ためであるということも、ここでの議論を通じて理解できるだろう。

　このように、自然環境を守ることの重要性は私たちの間で共通に認識されているものの、そもそも「自然環境とは何か」、「守るべき自然環境とは何か」、さらには「どうやって守るのか」をめぐって、じつはさまざまな考え方が存在する。それは、望ましいと思う自然環境や守るべき自然環境の優先順位が人それぞれ異なるためである。

自然環境と人間社会　私たちは、これまで、周囲の自然環境からさまざまな"恵み"を享受しながら生活し、人間社会を発展させてきた。たとえば、大気がなければ生きていくことはできないし、水資源も私たちの生活には欠かせない。その一方で、自然とはときに荒々しく人間に牙をむく存在でもある。たとえば、豊饒の海が津波に変貌して人びとに襲いかかることもあるし、恵みの雨が豪雨となり災害を引き起こすこともある。

　それゆえ、私たち人間は、恵み多き自然からのメリットを享受しつづけられるように、そして害なす自然からのダメージを最小限に抑えられるように、自然環境への働きかけを行ってきたのである。

　ただし、「守るべき自然環境」や「守り方」をめぐってさまざまな考え方が

あるように、「自然環境への働きかけ」をめぐってもさまざまな考え方が存在し、それらの間の調整が重要になってくる。自然環境がもたらす"恵み"や"害悪"が多様にあるなかで、どれをより優先的に享受したり回避したりすべきなのか、誰にとっての"恵み"を優先させるのか、"害悪"をどのようにして防ぐのかなど、利害対立が深刻化する場合も含め、人間社会内で折りあいをつけなければいけないことが多数存在する。

では、このように自然環境への働きかけに関してさまざまな立場や考え方があり、優先順位があるなかで、私たちはどのように自然環境と向きあっていけばよいのだろうか。

ワーク1

自然環境と人びとについて知りたいことはなんだろう

自然環境を守ろうとするプロジェクトにもかかわらず、人びとの間で賛否がわかれるプロジェクトがあったとしよう。この事例について調べることになった場合、あなたはどんなところに着目し、何を明らかにしたいだろう。

2 現地調査で賛否の理由(わけ)に迫る

問いにしたことを調べる

なぜ賛否がわかれるのか　【ワーク1】のねらいは、具体的な事例を想定して、ある人びとが自然環境に働きかけようとすると、どのような問題が生じうるのかを考えることである。それは、想像力を働かせて、ある出来事をさまざまな角度から（さまざまな人の立場を想定して）とらえるためのトレーニングでもある。

ここでは、自然環境と人びとについて知りたいこととして、《自然環境を守るためのプロジェクトをめぐって、なぜ賛否がわかれるのか》という問いを立ててみよう。環境にやさしいエコな取り組みに、反対する人びとがいるのはなぜだろうか。環境意識やプロジェクトに関する知識を欠いているためだろうか。賛否がわかれる原因を明らかにすることは、賛否がわかれないための、すなわち、誰も嫌な思いをせずに"環境にやさしい"取り組みを進めるための、解決

策の手がかりを探ることでもある。

誰が、どのようにかかわるのか

なぜ賛否がわかれるのかを考える際に重要なのは、人びとの間にはさまざまな立場があり、それにともなって利害も異なるという点である。ある人びとにとっては"環境にやさしい"エコな取り組みであっても、他の人びとにとっては生活環境を害するエゴな取り組みにすぎないかもしれない点に留意する必要がある。そこで、本節では、"環境にやさしい"はずの再生可能エネルギー事業の誘致をめぐって賛否がわかれた事例を取り上げて、その理由を考えてみよう。

　ここで取り上げる再生可能エネルギーとは、太陽光発電、太陽熱利用、風力発電、地熱発電、バイオマス発電など、持続可能な源を活用したエネルギーの総称である。石油・石炭による火力発電やウラン燃料による原子力発電と異なり、枯渇することはないし環境へのダメージも少ない。国際的にも日本国内でも2000年代以降、導入が進み、とくに2011年の福島第一原発事故以降は、クリーンで安全なエネルギーとして普及が模索されている。こうした再生可能エネルギーにいち早く着目し、2011年以前から地熱発電事業を導入しようとしていたのが、事例として紹介するA町である。

A町での調査

舞台は、人口8,000人ほどの海辺の町（A町）であり、町内には高温で湯量豊富な温泉が湧いている。町の中心部は温泉旅館が立ち並ぶ温泉街となっており、この温泉街を中心とした観光業が、戦前からA町の主要産業であった。このような昔ながらの温泉地A町で発電事業誘致の話がもちあがったのは2000年代のことである。もともとA町では、毎日大量に湧き出している高温の温泉水のうち、7割近くが未利用のまま海に放出されており、この未利用温泉水の有効活用が課題となっていた。そのことに着目したA町（行政）が、国の研究機関Bを事業者とした地熱発電プロジェクトを計画したのである。

　このA町でのプロジェクトの特徴は、ほかの地熱発電とは異なり、温泉バイナリー方式というやり方が採用されようとしていたことである。源泉付近まで深く掘削する必要がある通常の地熱発電とは異なり、浅い掘削ですむため、

Ⅲ　社会につながる

温泉への影響を最低限に抑えられる点が、このやり方のメリットであった。未利用温泉水を活用することができ、しかも CO_2 を排出しないクリーンなエネルギーを作り出せる、よいことずくめのプロジェクトのはずであった。ところが、実際に計画を進めようとする段階で、町内の温泉業者たちが強く反発した。A町とBは、温泉業者からなる温泉組合の説得を複数回試みたものの、反対の人びとの姿勢は変わらず、3年あまりでプロジェクトは中止に至った。

頓挫したプロジェクトについて、学生が現地で参与観察や聞き取り調査を行って得られたデータを、12枚の「ファクトカード」として以下に示している。これらをもとに、A町で"環境にやさしい"プロジェクトへの賛否がわかれた理由を考えていこう。

なお、A町のプロジェクトは、その後、事業者を変えて再スタートを果たし、現在は軌道に乗りつつある。ここで最初のプロジェクトをめぐって賛否がわかれた理由を考えることは、再出発したプロジェクトが過去の失敗に何を学びなぜ成功しつつあるのかを明らかにする作業の一端でもあるし、今日の"環境にやさしい"プロジェクトと地域社会との関係を考える出発点でもある。

カード1
文献調査を進めると、地熱発電計画が温泉事業者たちの強い反対により中止になった例がA町以外にも複数存在することがわかった。いずれの事例でも、計画されていたのは、源泉付近の深い掘削を要する従来型の地熱発電であった。
解釈：
理由：

カード2
地元住民bさんの話によると、1970年代に農林水産省の主導で広域農道建設が進められようとしたが、A町では反対が強く、結局A町を通るルートは建設に至らなかったという。
解釈：
理由：

カード3
新聞報道によると、地熱発電事業に関するはじめての検討会で、a町長は「環境問題を考えると、これからはクリーンエネルギーの時代」と語っていた。
解釈：
理由：

カード4
カード3の検討会の席上で、a町長は、地熱発電事業は「採算面がクリアできれば、観光地A町をPRするための投資」であるとも語っていた。
解釈：
理由：

13　自然環境といかに向きあうか？

カード5
年配の住民に話を聞くと、A町では1940〜60年代に大規模な製塩事業が行われていたことがわかった。さらに、それは国とA町が主導で行われたものであることもわかった。

解釈：

理由：

カード6
温泉組合を中心とする反対派住民は、近隣自治体の住民にも呼びかけ、「温泉に重大な影響を及ぼす危険がある」地熱発電事業を許可しないよう求めた要望書と約5,000人分の署名とを、県に提出した。

解釈：

理由：

カード7
複数の地元住民は、カード5の製塩事業の際に海水が温泉に混入して泉質悪化と温度低下が起こり、温泉業に悪影響が出たという話を聞いていると語った。

解釈：

理由：

カード8
反対派住民の集会の記録には、「試掘であっても認めることはできない。(認めたら)国の後ろ盾てどんどん進んでしまう」という趣旨の発言が残されていた。

解釈：

理由：

カード9
町の担当者によれば、A町で計画された地熱発電は未利用の温泉水を活用した方式であり、温泉の質や温度への影響は出ないとされていた。

解釈：

理由：

カード10
未利用温泉水を活用する方式については、技術面でも十分に検討が加えられており、検討会ではC大学工学部のc教授からもお墨つきが得られていた。

解釈：

理由：

カード11
カード5の製塩事業に関して当時の新聞を調べたところ、温泉に海水が混入し温泉がダメになってしまうとの懸念が地元住民の間でもたれていたことがわかった。

解釈：

理由：

カード12
新聞記事には、製塩業者から「海水の混入は起こりえない」、「温泉への影響は出ない」という説明が繰り返しなされたということも載っていた。

解釈：

理由：

Ⅲ　社会につながる

> **ワーク2**
>
> プロジェクトをさまざまな角度からとらえてみよう
> 　ファクトカードは、現地調査をして得られた情報を記したものである。12枚のカードをよく読んで、それぞれについてどのような解釈ができるか、カードの余白にまとめてみよう。そのときに、なぜそのように解釈できるのか、理由も書き添えよう。

> **グループワーク**
>
> プロジェクトの解釈をまとめよう
> (1)　まず、コピーしたファクトカードを切り離したうえで、【ワーク2】の結果について各自の解釈を発表し、グループの意見をまとめよう。
> (2)　次に、(1)でのまとめを踏まえて、カードを自由に並べ直し、適当な言葉を補ったり矢印などの記号を書き入れたりしながら、この事例を図式化し整理しよう。

3　人びとの言いぶんや意味づけを理解する

調べたことを考察する

調査からわかること　【ワーク2】および【グループワーク】を進めると、A町の事例のように人びとの賛否がわかれる環境プロジェクトをどのように扱えばよいのかや、ある環境プロジェクトを進める際にはどのような点に気をつければよいかについて、考察の手がかりが見えてくるはずである。以下で、その一例を示してみよう。

　まず、A町の事例の主要な登場人物（団体や組織も含む）を確認しておくと、次の人びとや組織が真っ先にあげられるだろう。行政組織としてのA町、事業者B、温泉組合、町長、A町の職員（担当者）である。だが、ファクトカードを見ると、温泉業者以外の住民やA町の近隣自治体の住民もプロジェクトに対してなんらかの考えをもっていることがわかるし、Bは国の研究機関であ

るから、国も間接的にかかわっていることになる。さらには、専門家という立場で大学教授もかかわっている。

次に、注意したいのは、ファクトカードには直接登場しない人びとの存在である。推進側の人びとや明確に反対の意思を示している人びとのほかに、どちらでもない人や意思表示をしない人が存在し、A町では人びとや組織が単純に賛成（推進）と反対とにわかれているわけではなさそうである。では、こうしたオモテに出てこない人びとも含め、地熱発電に対してさまざまな見解、とりわけ、賛成（推進）と反対という両極端の考えが出てくるのはなぜだろうか。カード1にあるように、他の事例とは異なり温泉には影響がなさそうであり、しかも"環境にやさしい"プロジェクトであるのに、それをめぐって意見がわかれ、さまざまな言いぶんが出てくるのはなぜだろうか。次項以降で、プロジェクトに対する人びとの意味づけを手がかりに、この問いを解明していこう。

なぜ意見がわかれるのか ——意味づけへの着目

ファクトカードを見ると、人びとの意味づけは一様ではなさそうである。そのなかでも、たとえばカード3やカード4にあるように、地熱発電を"環境にやさしい"プロジェクトとして意味づけ、観光資源として活用しようという行政側の考え方は、比較的わかりやすいだろう。これに対して、カード6からは、この地熱発電事業が「温泉に重大な影響を及ぼす危険」な事業と意味づけられていることがわかる。観光資源になるどころか観光業を衰退させかねないというのが反対派住民の主張であり、同じ事業に対して行政側とは正反対の意味づけがされている。

では、カード5や7はどのように理解すればよいだろうか。そこで語られているのは、50〜60年以上前の製塩事業のことであり、一見すると今回の地熱発電とは無関係に思われる。だが、カード11や12とあわせて読むと、カード5や7の話がたちまち別の意味を帯びてくる。すなわち、A町の温泉業者たちは、過去に国と町が主導して展開された製塩事業の影響で温泉が危機にさらされることを経験したり伝え聞いたりしており、その経験や伝聞（地域的な記憶）と今回の地熱発電事業とが強く結びついて理解されていたことがわかるのである。

こうして見ると、カード9や10のような行政担当者の「影響は出ない」と

いう説明や専門家のお墨つきが、反対派住民を納得させるものではないばかりか不信感すら与えかねないものであったこともわかる。カード11と12にあるように、製塩事業の際にも「海水の混入は起こりえない」、「温泉への影響は出ない」という説明が繰り返され、それにもかかわらず温泉に悪影響が出たと祖父母や親から聞かされてきたからである。温泉業者たちにとって、今回のプロジェクトは、痛い目を見たとされる製塩事業の再来とも意味づけられていたといえそうである。

　こう考えてくると、カード8の発言のなかの「国の後ろ盾で」というフレーズも、かつて国の主導で進められた製塩事業に対する苦い記憶と関連していそうだし、カード2にある広域農道建設への反対も、国の事業への不信感の表れととらえられるかもしれない。もっとも、ファクトカードにあることがらだけでは確かなことはいえないので、追加の調査が必要になってくる。この先、参与観察や聞き取り調査を進めれば、さらに多様な事実や意味づけが明らかになりそうである。では、なぜ、地熱発電プロジェクトというひとつの対象をめぐってさまざまな意味づけがなされるのだろうか。なぜ、同じものを目の前にしているのに、人によって異なる受け取り方をするのだろうか。

意味づけの背後にあるものへの着目　社会学者のE.ゴフマンによると、人はそれぞれ、生活空間や社会のなかで起こった諸現象を独自に切り取って理解するための解釈枠組み（フレーム）を有しているという（Goffman 1974）。このフレーム概念を踏まえると、A町の事例では、人びとや組織はそれぞれ異なる解釈枠組みにしたがって目の前の状況を切り取り、定義したことになる。その際に、ある程度似かよった立場の人びと（行政担当者、温泉業者など）や共通の経験をしてきたような人びととの間では共通の解釈がなされているようである。

　このような、ある地域社会に生きる人びととの間で共有された解釈枠組みを理解するためには、その地域でこれまでにどのようなことが共通に経験され、伝承され、記憶されてきたのかを理解することが重要である。A町の事例でいえば、製塩事業によって温泉がダメージを受けたという経験は、直接的または伝承によって温泉業者の間で共有されており、彼らが地熱発電事業を解釈する

際に強く影響しているのである。

<small>意味づけやその背景を理解する意義</small>　ある状況に対して人びとの意味づけが異なっていることを発見し、異なる意味づけの背景には何があるのかがわかったとき、あなたは思わず膝を打つかもしれない。それは、一気に視界が開ける瞬間であり、それまでは不可解であった人びとの発言や理解しがたい反応が、一転して、筋の通った行為として理解できる瞬間だからである。

　A町の事例では、"環境にやさしい"プロジェクトに反対する人びとの存在は、一見すると不可解である。温泉バイナリー方式を用いるこのプロジェクトは、温泉の泉質や温度に影響を及ぼさないばかりか、新たな観光の目玉にすらなりうる。それにもかかわらずプロジェクトに反発する温泉業者の存在は、一般的には理解しがたい。ところが、彼らの言いぶんをよくよく聞いてみると、彼らが問題視しているのは源泉近くまで掘削するか否かという技術的な点ではなかった。過去の苦い経験もあいまって形成された自治体や事業者への不信感こそが、温泉業者たちの反発の根源だったのである。

　このことを理解すると、地熱発電の技術的な説明に終始する自治体や事業者のやり方ではらちがあかないということがよくわかるだろう。A町の事例では、この点で、推進側と反対側との間に決定的な認識のズレが存在していたのであるが、じつは、似たような状況はそこかしこで見られる。すなわち、行政が行う環境プロジェクトがうまく進まない場合に、「住民／市民の知識や意識が足りない」ためであるとされるケースが、実際に多々見られるのである。こうした、「知識や意識が足りない」ことを問題視する見方は、研究者の間では「欠如モデル」と呼ばれて批判されているが、これについては次節で紹介するとして、ここでは、「住民／市民の知識や意識が足りない」から知識を補い意識を高めようとするだけでは、結局はうまくいかない可能性が高いことを指摘しておこう。

ワーク3

環境プロジェクトを計画する際に留意すべきことはなんだろう

　【グループワーク】での考察や、第3節の内容を踏まえて、「環境プロジェクトを計画する際に留意すべきことは何か」について考えをまとめよう。

Ⅲ　社会につながる

4　自然環境を介した人と人との関係性
考察したことを理論化して深める

賛否がわかれることはよくないことか　あるプロジェクトをスムーズに進めるためには、意見がわかれることなく皆が賛成することが望ましいように思われる。だが、はじめのほうで見たように、そもそも何を自然と見なすのかについてですら、人びとの間で意見がわかれるのである。ある地域社会のなかに生き、ゆえに利害関係も複雑な人びとの間で、その生活や利害関係に影響を及ぼしかねないプロジェクトをめぐって意見がわかれないほうが珍しいだろう。

しかも、自然環境への働きかけをともなうプロジェクトは、そのほかの場合と比べて、人びとの賛同を得にくくなりがちである。それは、不確実さや**リスク**をともなうためである。結果についてある程度は予測できるものの、自然を相手にする以上、つねに"想定外"がつきまとう。"想定外"の事態が起こりうるとすると、そのリスクを誰がどのように引き受けるのかや、そもそもリスクを負ってまで取り組むべきなのかについて、人びとの間で意見がわかれるのは当然である。

欠如モデルへの批判　ところが、人びとの間で意見がわかれプロジェクトに賛同しない人がいると、前節でも述べたように、「意識や知識が足りないからだ」とされがちである。**科学技術**に関する専門的知識が市民／住民には欠如しているとする、「欠如モデル」という考え方である。

この「欠如モデル」に対しては、「従来の閉じられた専門家集団のなかで生産された科学的知識は、その分野の理想系のなかでは成立するが、現実の条件のなかでは利用できない。社会的に頑強な知識を構築していかなければならない」（藤垣 2003：189）という批判的な指摘がなされている。

たしかに、ふつうの人びとは、科学者よりも専門知識が乏しいかもしれない。だが、前節までで見てきたように、あるプロジェクトへの態度表明の際に人びとが依拠するのは、地域（ローカル）に蓄積されてきた経験や人間関係である。それゆえ、

専門知識を教授し"理解してもらう"やり方では、問題は解決しえず、経験や記憶に基づく地元固有の知への着目や、人間関係などの「社会的」な側面からのアプローチが必要なのである。

　さらに、不確実さやリスクをともない、それゆえ人びとの間で意見がわかれているようなことがらは、「科学に問うことはできるが、科学だけでは答えることができない問題群」ともいわれている（Weinberg 1972）。科学によって害悪の発生確率や影響の及ぶ範囲を算出できたとしても、算出された確率や範囲を高い／広いと見なすか低い／狭いと見なすかや、そもそもリスクを負ってまですべきことなのかどうかの判断には、社会的・政治的要素が少なからず入り込むためである。このような科学と政治が交差する領域の意思決定は、たとえば多様な人びとによる情報や意見の相互交換をともなうなどしながら、より慎重になされる必要がある（小林 2007）。

生活知への着目

　「欠如モデル」に対する批判は、環境社会学者たちからも行われてきた。地域社会に生きる人びとは「知」を欠いているどころか、むしろ豊富かつ多彩な「知」を有しているという指摘であり、地域に蓄積されてきた自然環境とのつきあい方（「生活知」）のなかに、環境保全の手がかりを見出そうという考え方である。冒頭の「キャンパスの芝生や立木は自然か？」の問いとの関連で述べれば、ここで想定されているのは、人の手がまったく加わっていない原生自然ではなく、ある程度人の手が入った自然である。人と切り離すことで自然を守るのではなく、むしろ積極的に手を入れ働きかけながら、人びとの生活もひっくるめて自然を守る、環境保全のあり方が提示されている（鳥越編 1989、宮内編 2009）。

　さらに、不確実さやリスクをともなう問題については、地域や状況にあわせて柔軟に目標や方法を設定し、必要に応じて当初のプランからの軌道修正をともないながら展開する自然資源管理のあり方が有効である。丸山（2013）は、こうした自然資源管理のあり方を「柔らかい環境保全」と呼び、環境保全には「単一の強い価値観にもとづいて人びとの行動の変化を促すというよりは、複数の価値を顕在化させることによって多様な人びととの価値観との対応関係を最適化しようとする発想」が必要であり、「直接的経験によって認知し」やすい

「日常的な論理」を示すことが重要であると指摘している（丸山 2013：310-315）。

　こうした考え方に基づけば、"環境にやさしい"という理由だけで、あるプロジェクトに GO サインを出すのは拙速な判断である。プロジェクトは、それをめぐる"ふつうの人びと"の素朴な不安や不満に向きあいながら慎重に進められなければならないし、地域の生活知に基づく計画の修正を許容するものでなければならない。

　かくして、本章のタイトルでもある「自然環境といかに向きあうか？」を考える際には、自然環境と人間社会との関係性のみならず、人間社会内の人びとのありようにまで話が及ぶ。自然環境について考える際にも、"人と人との関係性"は欠かせない論点のひとつであり、人びとの価値観の多様性を前提とした議論が必要とされるのである。

> **ホームワーク**
>
> **具体的な環境プロジェクトを構想してみよう**
> 　あなたの地元にはどのような生活知や記憶が蓄積され共有されているだろうか。さらに、それらを活用した地域作りを展開する場合、どのような点に注意して進めるのがよいだろうか。本章での議論を踏まえ、さまざまな主体間の利害対立や意味づけの相違も想定して論じてみよう。

> キーワード

科学技術

　研究によって生産されたもののうち、社会に流通し利用されていく知識や技能を指す（小林 2007）。科学技術に信頼を置く近代技術主義的な考え方のもとでは、環境汚染や自然破壊は科学技術の進展にともなって克服されるものと見なされていたが、公害の時代を経て、生態学に基づくエコロジー論や環境社会学のなかの生活環境主義の立場から、こうした考え方に異議が唱えられるようになった。さらには、生活をより便利により豊かにしてくれるはずの科学技術（たとえば遺伝子組み換え技術や原子力発電）が新たな問題を引き起こす要因となりうることも指摘されており、現代においては科学技術と人間社会との関係がよりいっそう複雑になりつつある。

リスク

　ある時点での行為や現象によって将来的にもたらされる、望ましくない帰結の規模や可能性のこと。一般的には「損害が生じる確率」×「損害の大きさ」で表される。ドイツの社会学者U. ベックは、環境リスクを念頭に置き、現代社会を「コントロール困難で不可視的なリスクが増大する「リスク社会（Risikogesellschaft）」」と表現した（ベック 1998）。同じドイツの社会学者N. ルーマンは、人びとがいかに見なす（意味づける）のかに着目して「リスク」と「危険」とを区別している。ルーマンによれば、未来の損害の可能性は、みずからの決定の帰結と見なされる場合に「リスク」として、自分以外の誰かの決定の帰結と見なされる場合に「危険」として扱われる（ルーマン 2014）。

> ブックガイド

平川秀幸『科学は誰のものか――社会の側から問い直す』NHK出版、2010年
　科学技術社会論の入門書。科学そのものが不確実性をともなうことや科学技術が社会の利害対立から完全に自由なわけではないことを指摘し、科学技術の問題を専門家まかせにしないためのコミュニケーションの方法を説く。

宮内泰介編『なぜ環境保全はうまくいかないのか――現場から考える「順応的ガバナンス」の可能性』新泉社、2013年
　順応的管理の可能性と課題が環境保全活動の事例を踏まえながら検討され、自然環境への働きかけに関する実践的な理論枠組みが示されている。

ベック、U.『危険社会――新しい近代への道』東廉・伊藤美登里訳、法政大学出版局、1998年
　現代社会をリスクの生成と分配という側面から考える1冊。近代産業社会が私たちの生活を豊かにする一方で同時にさまざまなリスクを生み出すこと、それが人びとに分配され生命・健康や社会関係に望ましくない帰結をもたらすことを指摘する。

第13章 ワークシート

1. 自然環境と人びとについて知りたいことはなんだろう

　自然環境を守ろうとするプロジェクトにもかかわらず、人びとの間で賛否がわかれるプロジェクトがあったとしよう。この事例について調べることになった場合、あなたはどんなところに着目し、何を明らかにしたいだろう。

---

2. プロジェクトをさまざまな角度からとらえてみよう

　ファクトカードは、現地調査をして得られた情報を記したものである。12枚のカードをよく読んで、それぞれについてどのような解釈ができるか、カードの余白にまとめてみよう。そのときに、なぜそのように解釈できるのか、理由も書き添えよう。

3. 環境プロジェクトを計画する際に留意すべきことはなんだろう

　【グループワーク】での考察や、第3節の内容を踏まえて、「環境プロジェクトを計画する際に留意すべきことは何か」について考えをまとめよう。

基礎ゼミ　社会学

第**14**章

政治は政治家だけのものではない？
——選挙、民主主義、政治的社会化

西田亮介

1 政治行動と民主主義

問いを発見する

|「18歳選挙権」の導入で政治は変わるか|

　2015年に、**選挙**を規定する公職選挙法の改正が行われ、従来満20歳以上としていた投票年齢は、満18歳以上に引き下げられた。2016年6月19日施行したこの改正を、報道などでは「18歳選挙権」などと呼び、総務省と文部科学省が新たに選挙教育のための教材（『私たちが拓く　日本の未来』）を作成、配布した。また各政党も若者団体と交流し、イベントを開催するなど、若年世代に政治への関心をもってもらうべく試行錯誤を行っている。

　これをどのように評価することができるだろうか。まず投票年齢の引き下げで、新たに選挙権を得る18歳、19歳の人数は、約240万人とされた（ただし、投票日までに誕生日を迎えていない場合は投票できないので、実際に投票可能な人数は240万人に満たなかった）。多いという印象をもつ人もいるかもしれないが、これは有権者数の約2％である。また240万人は、当然のことながら、集団で行動するわけではなく、各自が別個に、各選挙区で投票することになる（参議院議員通常選挙の場合、選挙区は45で、各選挙区から複数の議員が選ばれることになる）。これらを踏まえて考えると、ある事象の行方が繰り返し報じられることによるアナウンスメント効果（予測報道が現実社会を先導すること）が薄れた際には、「18歳選挙権」の選挙への直接の影響は限定的なものになると思われる。

Ⅲ　社会につながる

「18歳選挙権」と選挙教育　　「18歳選挙権」の導入に際して、総務省と文部科学省が、選挙教育の教材を配布したことに言及した。104ページからなるこの教材はたしかに選挙制度の知識という観点では、それなりに簡明に作られている。その一方で、この教材はあくまで配布したに過ぎず、すべての学校で、すべての内容が十分な時間をもって取り扱われるとは限らない。教育における政治的中立の定義の不明確さも、現場の教師たちにとって不安材料になっているとも聞く。

　これらの要素は、投票年齢こそ引き下げるものの、教育において、**民主主義**や政治、選挙についての基礎的な認識を形成し、「**市民**」として自立できるよう知識や議論を身につけたり経験したりする機会は、公職選挙法改正前と大きく変化しない可能性を示唆する。また18・19歳人口の問題とは別に、その世代における政治についての関心や興味の低さが指摘されている。これらの点の改善をどのように具体化するかは不透明なままである。なお本章執筆時点では、2022年度からの高校における「公共」「歴史総合」の必修化について、文部科学省から中央教育審議会に提案されている。

ワーク1

あなたにとって、政治や民主主義は身近な存在といえるだろうか
　あなたの生活のなかで、政治や民主主義は身近な存在だろうか。身近なものだとしたら／縁遠いものと感じるのであれば、なぜ、そのように感じるのか、その理由とともに提示してみよう。

2　投票率の推移を調べる

問いにしたことを調べる

投票率と生活者の政治観　　【ワーク1】では、どのような回答と理由が得られただろうか。そもそも、日本社会では、日常生活において、政治や民主主義について議論したり、口にする機会は、それほど多くないのではないか。政治は宗教と並んで、日本社会ではタブー視されがちである。こうした点は、諸外国、とくに英米圏から来た留学生などからすると、たいそ

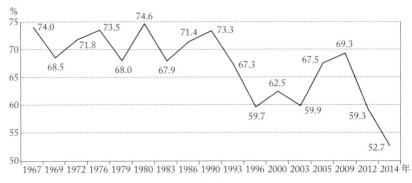

図14-1　衆議院議員総選挙（大選挙区・中選挙区・小選挙区）における投票率の推移（総務省）
（注1）1980年及び1986年は衆参同日選挙であった。
（注2）1996年より、小選挙区比例代表並立制が導入された。
（注3）2000年より、投票時間が2時間延長になり、午後8時までとなった。
（注4）2005年より、期日前投票制度が導入された。

う不思議に見えるらしい。決まった正解がある問いではないからこそ、積極的に議論すべきではないか、と。

　日本社会では、政治はどのようにとらえられているのだろうか。ここでは、ひとつの指標として、投票率を取り上げてみたい。投票率とは、有権者数に占める投票者数の割合のことである。一般に、投票率が高い選挙は、生活者に影響が高いと感じられる主題が争点となった選挙とされているが、投票率が低い選挙にはみるべきものがないのだろうか。本章では、投票率の推移に着目して、《なぜ生活者が政治に主体的な関心をもてないのか》という問いを立ててみよう。図14-1は衆議院議員総選挙における投票率の推移を示すグラフである。

ワーク2

国政選挙の投票率の推移からどのようなことが読み取れるか

　図14-1における投票率の推移からどのようなことが読み取れるか、高い／低いを中心にしつつ、理由とともに説明してみよう。

　過去の国政選挙の投票率を見ると、投票率に相当程度バラつきがあることが

Ⅲ　社会につながる

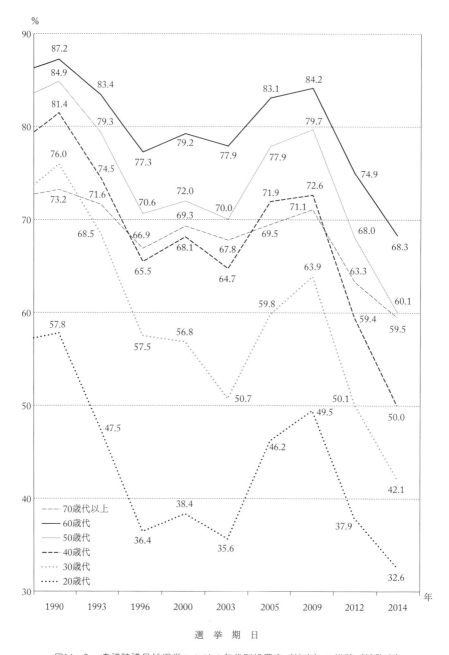

図14−2　衆議院議員総選挙における年代別投票率（抽出）の推移（総務省）

わかる。国政選挙で近年投票率が高かった選挙として、2009年の選挙や2005年の選挙などがあげられる。前者は自民党から民主党への政権交代実現への期待から、後者は郵政民営化の是非を問い、小泉純一郎元総理が自民党内の反対派に党の公認を出さず、「刺客」と呼ばれた対立候補を擁立するなど「郵政選挙」として、世間の関心を集めた選挙であった。

　反対に、投票率が低かった選挙として、2014年の選挙などがあげられる。与野党の争点が明確化しなかった選挙や、世論に与野党いずれかに対する強い抵抗感やあきらめが広がった選挙、世論調査で「選択肢がない」などという回答が多くなった選挙の投票率は下がる傾向にある。【ワーク2】では、投票率の高低と政治、社会の出来事を結びつけて考えることで、多くの仮説を生み出すことができる。

| 年代別の投票率と人口 | より詳しく調べてみよう。年代別の投票率はどうなっているのだろうか。

　図14-2から、おおむね若年世代ほど投票率が低くなっているのがわかる。近年、もっとも投票率が高い60歳代と、もっとも投票率が低い20歳代では、投票率の差が2倍近くになっている選挙もある。

　もともと日本の人口構成は少子高齢化が進んでいる。たとえば1947年、1948年生まれのいわゆる「団塊の世代」がそれぞれ約220万人存在する。それに対して、直近では団塊の世代の子どもの年代にあたる「団塊ジュニア」の世代が約200万人近い世代人口を有するものの、以後、極端な減少を見せ、2015年の公職選挙法改正によって、新たに投票権を得た18歳、19歳の世代人口はそれぞれ約120万人と半分程度になっている。

3　なぜ生活者が政治に関心をもてないか

調べたことを考察する

| 組織票と非組織票 | 投票率の高低を具体的に見ていくことでどんなことがわかるだろうか。投票率が低い2014年において、投票行動が組織化されていない無党派層があまり投票に行かなかったことから、確実に投票に行き、特定の候補者や政党に投票する組織票の影響が増加してい

るといえる。ここでいう組織とは経済団体や業界団体、宗教団体、労働組合のことであり、組織票の受け皿となる。それぞれの組織と加盟社（者）の利益となる候補者や政党への支持、資金的な支援などを行うのである。利点としては選挙の予見可能性と政治的安定性をあげることができる一方で、有権者全体の利益や福利の向上よりも、政治において特定の関係主体の利益が優先されがちになることが課題といえる。

それに対して、2005年や2009年では、争点が明確で世間の関心が集まったことから、ふだん選挙に行かない、また投票行動が組織化されていない多くの生活者の意思が政治に反映され、相対的に組織票の影響が低下しているといえる。一見、民意が政治に反映されていいことづくしだが、そうでもない。ふだん投票に行かない有権者も投票に行きそうだということになると、各政党や候補者は当然そのための「対策」を行うからである。

これまでも、実現可能性は乏しいが生活者が賛同しやすい政策を掲げる、メディアでの露出を増やすといったことが見られた。近年、政治マーケティング、政治広報と呼ばれる分野が、急速に進化するITの利活用方法と絡めて、著しく発展しているが、これは世界的に注目される米大統領選挙などで、次々と新しい手法が開発されていることに起因する。

「加齢効果」　前節で、概ね一貫して若年世代の投票率は低く、年長世代の投票率は高止まりしていることを確認したが、このような特徴を「加齢効果」という概念で説明することがある。

若年世代の生活上の関心は自分のこと、身近なことに向きがちである。加齢にともなって、家族ができ、社会的責任、人間関係の範囲が大きくなるにつれて、関心はより広い範囲に向き、それが投票行動にも現れているという考え方である。

具体的には、単身の若年者が結婚して、子どもが生まれるとそれまであまり実感をもって考えることのなかった子育て問題や行政の対応についても関心をもつようになり、政治的選択の動機に結実すると考えてみればよいだろう。

職業としての政治家

政治家は、道義的には、すべての国民の利益の向上に、日々、政治活動や立法などを通じて貢献することが要請されていることはいうまでもない。だが、「すべての国民の利益の向上への貢献」と口にするのは容易だが、いざとなると、なかなか困難な課題であることに気がつくだろう。というのも、地域、業界、組織などで、利害関係が対立するという事態が頻繁に生じるからである。たとえば、ある分野に許認可事業が存在するとして、従来から認可を受けて事業を行ってきた事業者と、圧倒的な技術力を武器に新規参入を求める新興事業者では、両者の利害は鋭く対立する。このとき、前者は規制遵守を望むだろうし、後者は規制緩和を求めるだろう。一般に両者はそれぞれ業界団体や献金、組織内での票の取りまとめなどを通じて、政治への影響力を行使しようとする。

日本では政治家は職業として成立しているが、アメリカなどのようにシンクタンクや大学など他職種との流動性が高い社会とは異なり、現状、政治家は選挙で落選すれば、まさに「ただの人」になってしまう。日本において、政治家は職業でこそあれ、流動性が低い職種なのである。1996年の衆議院議員総選挙から導入された小選挙区比例代表並立制によって、政治家にとって選挙はよりセンシティブなものになった。政治家は、目先の選挙での勝利に、並々ならぬ関心をもっている。政治家の視点からすれば、投票率が低い場合には、一定の安定した票数を見込むことができる業界団体や組織票の存在感は大きいものとなるといえる。これが前述の、低投票率の選挙において、組織票の影響力が大きくなる理由とされている。

シルバー・デモクラシー？

政治家や政党に影響を与えるのは、組織票だけではない。福祉や教育など共通の利益をもつ「世代」も潜在的には、組織化され政治的影響力を持つ可能性を有する単位のひとつといえる。ライフステージの変化にともなって、関心の対象が変化する。たとえば、一般に年長世代は年金の給付額が気になるだろうし、若年世代は拠出額を気にするだろう。日本の人口構成と年代別の投票率を考慮した場合、政党や政治家からすると、どのような行動が選挙で当選するうえで「合理的」だろうか。より具体的に、財政的に制約があるとき（2015年末の時点で、日本は国と地方あわせ

て、1044兆円の債務残高がある)、年長者向けの政策を重視するか、若年世代向けの政策を重視するかという選択のどちらが、政治家にとって「魅力的」に見えるのか考えてみよう。

　第2節で確認したように、日本は顕著な少子高齢化を迎えている。さらに投票率も若年世代と年長世代で2倍程度異なっている。投票数を尺度にして、母数となる人口で2倍、投票率で2倍開きがあるということは、若年世代と年長世代では4倍も存在感が異なったものになる。注意すべきは、報道などでは投票率が重視されるが、政治家の当落に直接影響するのは票数(得票数)である。

　少し「合理的」に考える政治家ならば、年長世代を厚遇する政策を重視する選択が魅力的に見えることだろう。政治家たちが、しばしば「若い人たちが、声をあげないと、若者向けの政策にとりかかることができない」と口にするのはこうした「根拠」があるからだが、あまり釈然としないだろう。このように、少子高齢化が進んだ社会などにおいて、年長世代が政治に過大な影響力をもつ状態を「シルバー・デモクラシー」と呼ぶことがある。

被選挙権年齢と供託金　　一方「18歳選挙権」の導入は、本質的な意味での若年世代の政治参加を促進するものになっているかというと、いくつかの課題も残されている。以下において、被選挙権年齢、供託金、市民性教育(主権者教育、シチズンシップ教育とも呼ばれる)という3つの課題を取り上げてみたい。

　まず被選挙権年齢に関してだが、日本の選挙制度の場合、投票が可能になる年齢(選挙権年齢)と、選挙に立候補できる年齢(被選挙権年齢)は同一ではない。2015年の公職選挙法改正によって、前者は満18歳以上に引き下げられたが、後者は従来どおりである(衆議院議員総選挙は満25歳以上、参議院議員通常選挙は満30歳以上)。

　若年世代、たとえば今回新たに投票年齢を迎える18歳、19歳の人たちからすれば、投票はできるようになったものの、投票の対象となる候補者のなかに、同世代の顔ぶれを見ることはない。筆者がこの問題に関連するテレビ番組に出演したときに、現役女子高校生から「30歳以上は、おじさんに思える」という趣旨の発言を受けたことがある。なるほど、彼ら彼女らの世代からすると、

もっとも共感しやすいはずの同世代の候補を選択することはできず、なかなか関心をもつことは難しいかもしれない。実際には同世代は立候補できない一方で、総務省や各自治体における選挙の普及啓発事業では、著名アイドルやタレントを起用したポスターの制作などが頻繁に行われている。このギャップはどのようにとらえればよいのだろうか。

　また供託金の問題も残されている。国政選挙に立候補するにあたって、供託金が必要とされる。供託金は、立候補に際して必要で、得票が法定得票数に満たない場合、没収されることになる。衆議院議員総選挙において、小選挙区で300万円、比例代表なら600万円、参議院議員通常選挙の場合も、選挙区で300万円、比例代表で600万円という金額である。供託金の負担は、一般に資本形成が進んでいない若年世代ほど重く感じられることだろう。もともと立候補の乱立を防ぐために設けられた制度とされるが、若年世代の政治参加を促進するという観点からすれば、制度のあり方を再検討する余地があるともいえる。

市民性教育　さらに市民性教育という課題もある。第1節でも見たように、選挙教育は難しい。主権や市民という概念は簡単には説明できないからだ。

　欧州各国では、EU統合を契機として、各国固有のアイデンティティに加えて、EUの価値観を共有する「EU市民」を形成するという観点でも、市民性教育に注力している。それに対して、日本の場合は投票年齢引き下げが先行し、市民性教育について何を目的に、どのような内容を扱うのかという議論は不明瞭なままである。それでも、政治教育に関して、教育基本法は以下のように記している。

教育基本法

(政治教育)
第十四条　良識ある公民として必要な政治的教養は、教育上尊重されなければならない。
2　法律に定める学校は、特定の政党を支持し、又はこれに反対するための政治教育その他政治的活動をしてはならない。

　市民性教育の定義やそのあり方に関する原理的な議論も必要だが、同時に現

在の教育課程において、はたして「良識ある公民として必要な政治的教養」が十分に形成されているかどうかという再検討を議論の出発点にすることもできるだろう。

> **ワーク3**
>
> **有権者が政治に主体的な関心をもつために必要なことはなんだろう**
> 　有権者が政治に主体的な関心をもつために必要なことはどういったことだろうか。ここまでの議論を踏まえつつ、「生活者の要求」としてまとめてみよう。

> **グループワーク**
>
> **生活者の要求を政策として反映するには、どんな手段があるだろう**
> 　生活者の要求を、政策として反映するためにはどのような手段がありえるだろうか。実現可能性を含めて話しあい、要求の内容とそれを政策として実現させる手段をグループでまとめてみよう。

4　生活者と政治、社会と政治の関係

考察したことを理論化して深める

社会学が扱う政治　本章での議論は、生活者と政治、社会と政治の関係に焦点をあわせたものであった。なぜ生活者が政治に主体的な関心をもつことができないのか、という問いは政治システムの内的課題であると同時に、社会（秩序）の持続可能性に影響するという点ではまさしく社会学的な主題である。

　「選挙」「民主主義」というキーワードが社会学のテキストのなかで取り上げられていることに、違和感を覚えた人もいるかもしれない。たとえば、これらの主題や対象を扱うのは政治学ではないか、と。たしかに、最近の日本の社会学における主流のテーマとはいえないということは事実であろう。

　だが、海外に目を向けてみれば、テロを契機とする監視とセキュリティに関

する研究や、欧州について政治、経済、政策を横断的に論じる社会学者 A. ギデンズの研究もある（ギデンズ 2015）。イギリスにおいて、ブレア政権当時ブレーンを務めたギデンズは異色の存在ではあるものの、それでも政治や政策、民主主義という主題は、社会学においてもつねに重要な主題として存在してきた。社会学の中興の祖として知られる M. ウェーバーは、社会学のみならず、権力研究、官僚制研究などによって、政治学などでもしばしば参照されている。

諸外国のみならず、日本においても、かつて「社会計画」という初期の公共政策の策定に社会学者がかかわっていたことが知られている。このように本来は、政治、政策、民主主義といった主題と社会学は、必ずしも縁遠いものではないのである。政治学が主に政治システムの内的課題を扱うのに対して、社会学は社会と政治の関係性や、社会に軸足を置きながら政治を論じることになるだろう。生活者と政治、社会と政治の関係に重きを置くと言いかえることができるかもしれない。

選挙と社会意識　選挙区の区割りや選挙制度の合理性といった主題ではなく、選挙に関連した社会意識の形成に焦点をあわせれば、その形成にはメディアの報道と有権者の関心、政治教育など、政治システムの外部要因も少なからず影響を与えている。このようにとらえれば、社会学が社会学的思考と方法論によって、政治や民主主義について論じることにも一定の役割があることに気づくことができるはずである。

実際、政治学にも社会学の知見が取り入れられていたりもする。たとえば、社会学には、「社会化（socialization）」という概念がある。人は「常識」や「礼儀」などを生まれたときから身につけているわけではなく、後天的に獲得している。そもそも「社会」によって、それらの内容は異なっている。では、どのようにして習得しているのだろうか。人間関係、家族関係、共同体、教育などが該当するが、それらの習得過程を「社会化」という。のちに、この概念は、政治学に持ち込まれて、「**政治的社会化**（Political Socialization）」として発展を見せている。

政治的社会化は、政治に関する価値観や政治文化の学習と定着に援用された概念である。たとえば初等中等教育における公民教育は、日本において重要な

政治的社会化の契機といえる。また地域経済団体の活動やその会合なども、非公式な政治的社会化の過程といえるかもしれない。

　市民性教育の発展した国ぐにと比較すると、日本社会は政治的社会化の機会があまり制度化されていない社会ともいえるだろう。政治というと、ともすれば自分とは関係のないことだと思ってしまいがちである。しかし実際は、生活のなかで税金、大学の学費、電車の運賃、ビジネスで必要な契約のあり方など、立法によって、つまり政治によって規定されている領域はきわめて広範で、むしろまったく関係のない分野のほうがめずらしい（愛や友情など？）。最近でも、待機児童の解消や長時間労働の解消、給付型奨学金のあり方など、生活者の要求によって政治主題となったものも少なくない。今一度、身近な生活と政治の関わりについて考えなおしてみたい。

ホームワーク

生活者と政治の距離はどのようなものであるべきだろう
　本章では、生活者と政治の関係について投票率などの観点から検討してきた。両者の関係がどのようなものであるべきか、理由とともに述べよう。また、その「改善」と手法についても検討してみよう。

> キーワード

選挙

　国、地方自治体の代表を選択する選挙について定めた制度は、民主主義と政治参加の直接的な機会の設計という意味で、政治、社会の維持、改善にとって重要な存在といえる。日本の選挙制度は、主に公職選挙法という法律によって規定されているが、近年、インターネット選挙運動の解禁や、投票年齢の満 20 歳以上から満 18 歳以上への引き下げなど、矢継ぎ早に見直しが行われている。

民主主義

　demos（人民）と kratia（権力）とを結びつけたギリシア語の demokratia は、国民が主権をもつ統治の概念であり、日本語では民主主義と呼ぶ。具体的な統治形態は議院内閣制や大統領制など多様で、またそれぞれの国家の状況や歴史に応じた形態をとっていることが多い。法学、政治学、社会学をはじめ多くの社会科学が研究対象にしている。

政治的社会化

　政治的社会化は、政治に関する価値観や政治文化の学習と定着に援用された概念で、政治に関する知識、とらえ方は、社会のなかで後天的に習得されるという考え方。社会学の概念が政治学に伝播して、学際的な展開を見せている。

> ブックガイド

西田亮介『メディアと自民党』角川新書、2015 年
　長く日本政治において、与党の座にあった自民党がどのようにメディアと対峙し、またその力学がどのように変化してきたのか、またインターネット時代に、どのように変化しようとしているのかを豊富な資料と取材に基づき論じている。

遠藤薫『間メディア社会における〈世論〉と〈選挙〉——日米政権交代に見るメディア・ポリティクス』東京電機大学出版局、2011 年
　複雑化するメディアの関係性とその政治的影響力、世論とその形成過程などの視点から、日米両国の政権交代を事例に、メディアと政治の関係を読み解く、近年の日本の社会学における選挙研究のなかで重要な 1 冊。

ドーソン、R. ／プルウィット、K. ／ドーソン、K.『政治的社会化——市民形成と政治教育』加藤秀治郎・中村昭雄・青木英実・永山博之訳、芦書房、1989 年
　政治的に成熟した市民は、どのようなプロセスを経て市民たりうるのか、その過程の重要さを、社会学における社会化の概念を援用して説いた古典的著作。

第14章 ワークシート

1. あなたにとって、政治や民主主義は身近な存在といえるだろうか

あなたの生活のなかで、政治や民主主義は身近な存在だろうか。身近なものだとしたら／縁遠いものと感じるのであれば、なぜ、そのように感じるのか、その理由とともに提示してみよう。

身近か遠いか：＿＿＿＿＿＿＿　　理由：＿＿＿＿＿＿＿＿＿＿＿＿＿＿＿＿＿＿＿＿＿＿

＿＿

2. 国政選挙の投票率の推移からどのようなことが読み取れるか

図14-1における投票率の推移からどのようなことが読み取れるか、高い／低いを中心にしつつ、理由とともに説明してみよう。

読み取れること：＿＿＿＿＿＿＿＿＿＿＿＿＿＿＿＿＿＿＿＿＿＿＿＿＿＿＿＿＿＿＿＿＿

＿＿

理由：＿＿＿＿＿＿＿＿＿＿＿＿＿＿＿＿＿＿＿＿＿＿＿＿＿＿＿＿＿＿＿＿＿＿＿＿＿＿＿

＿＿

3. 有権者が政治に主体的な関心をもつために必要なことはなんだろう

有権者が政治に主体的な関心をもつために必要なことはどういったことだろうか。ここまでの議論を踏まえつつ、「生活者の要求」としてまとめてみよう。

＿＿

＿＿

＿＿

＿＿

引用文献

〈はじめに〉

一般社団法人社会調査協会，2016「社会調査士とは」2016年11月17日取得，http://jasr.or.jp/participation/what_sr.html

日本学術会議，2014「第一部 分野別の質保証の枠組みについて」『大学教育の分野別質保証の在り方について』2016年11月18日取得，http://www.scj.go.jp/ja/member/iinkai/sokai/siryo158.pdf#page=202

日本学術会議社会学委員会，2014「大学教育の分野別質保証のための教育課程編成上の参照基準 社会学分野」2016年11月18日取得，http://www.scj.go.jp/ja/info/kohyo/pdf/kohyo-22-h140930-5.pdf

〈第1章〉

石川准，1992『アイデンティティ・ゲーム――存在証明の社会学』新評論

エリクソン，E. H., 2011『アイデンティティとライフサイクル』西平直・中島由恵訳，誠信書房

作田啓一，1972『価値の社会学』岩波書店

――――，1993『生成の社会学をめざして――価値観と性格』有斐閣

サルトル，J.-P., 2007『存在と無――現象学的存在論の試み（II）』松浪信三郎訳，ちくま学芸文庫

土井隆義，2008『友だち地獄――「空気を読む」世代のサバイバル』ちくま新書

ノエル＝ノイマン，E., 2013『沈黙の螺旋理論――世論形成過程の社会心理学』池田謙一・安野智子訳，北大路書房

フーコー，M., 1977『監獄の誕生――監視と処罰』田村俶訳，新潮社

見田宗介，2006『社会学入門――人間と社会の未来』岩波新書

――――，2008『まなざしの地獄――尽きなく生きることの社会学』河出書房新社

レイン，R. D., 1975『自己と他者』志貴春彦・笠原嘉訳，みすず書房

〈第2章〉

ASTRA医療福祉研究グループ，2012「14年間で介護疲れ殺人・心中が550件――日本福祉大湯原准教授まとめ」2016年5月1日取得，http://www.care-mane.com/news/2722.html

大阪商業大学JGSS研究センター，2016「生活満足度――配偶者との関係」2016年11月16日取得，http://jgss.daishodai.ac.jp/surveys/table/ST5SSREL.html（なお，「JGSS」のデータはhttp://jgss.daishodai.ac.jp/surveys/sur_hpdata.htmlで詳しく見ることができる）

厚生労働省，2012『平成24年版 厚生労働白書』2016年5月1日取得，http://www.mhlw.go.jp/wp/hakusyo/kousei/12/

――――，2016「平成26年度 高齢者虐待対応状況調査結果概要」2016年5月1日取得，http://www.mhlw.go.jp/stf/houdou/0000111629.html

総務省統計局，2015「人口推計」2015年12月15日取得，http://www.stat.go.jp/data/jinsui/new.htm

中村隆・土屋隆裕・前田忠彦，2015「国民性の研究 第13次全国調査――2013年全国調査」（統計数理研究所 調査研究リポート No.116）2016年11月16日取得，http://ismrepo.ism.ac.jp/dspace/bitstream/10787/3615/1/kenripo116.pdf（なお，「日本人の国民性調査」のデータはhttp://www.ism.ac.jp/~taka/kokuminsei/table/index.htmで詳しく見ることができる）

法務省，2015a「資料3-3 少年による刑法犯検挙人員（罪名別）」『平成27年版 犯罪白書』2016年11月16日取得，http://hakusyo1.moj.go.jp/jp/62/nfm/mokuji.html

――――，2015b「第5編第1章第4節 被害者と被疑者の関係」『平成27年版 犯罪白書』2016年11月16日取得，http://hakusyo1.moj.go.jp/jp/62/nfm/n62_2_5_1_4_0.html

湯原悦子，2016「介護殺人事件から見出せる介護者支援の必要性」『日本福祉大学社会福祉論集』134：9-30

〈第3章〉

エスピン＝アンデルセン，G., 2001『福祉資本主義の三つの世界――比較福祉国家の理論と動態』岡沢憲芙・宮本太郎監訳，ミネルヴァ書房

上村泰裕，2015，『福祉のアジア――国際比較から政策構想へ』名古屋大学出版会

国税庁，2016「税の国際比較」2016年11月16日取得，https://www.nta.go.jp/shiraberu/ippanjoho/gakushu/hatten/page13.htm

財務省，2015，「OECD諸国の国民負担率（対国民所得比）」2015年12月1日取得，https://www.mof.go.jp/tax_policy/summary/condition/238.htm

スズキ，K. S., 2010『デンマークが超福祉大国になったこれだけの理由――どこが違うのか!? 安心して暮らせる希望社会と無縁死3万人の

国』合同出版
武川正吾，1999『福祉社会の社会政策──続・福祉国家と市民社会』法律文化社
中澤渉，2014『なぜ日本の公教育費は少ないのか──教育の公的役割を問いなおす』勁草書房
野村武夫，2010『「生活大国」デンマークの福祉政策──ウェルビーイングが育つ条件』ミネルヴァ書房
文部科学省，2010『平成21年度 文部科学白書』2016年11月16日取得，http://www.mext.go.jp/b_menu/hakusho/html/hpab200901/1295623.htm
IMF, 2015, "World Economic Outlook Database," 2015年12月1日取得，http://www.imf.org/external/ns/cs.aspx?id=28
Kahl, S., 2005, "The Religious Roots of Modern Poverty Policy: Catholic, Lutheran, and Reformed Protestant Traditions Compared," *European Journal of Sociology*, 46(1): 91-126.
OECD, 2015a, "Education Database," 2015年12月1日取得，https://data.oecd.org/eduresource/public-spending-on-education.htm
────，2015b, "Social Expenditure Database," 2015年12月1日取得，https://stats.oecd.org/Index.aspx

〈第4章〉
小田切徳美，2009『農山村再生 「限界集落」問題を超えて』岩波書店
コーエン，A. P.，2005『コミュニティは創られる』吉瀬雄一訳，八千代出版
デランティ，G.，2006『コミュニティ──グローバル化と社会理論の変容』山之内靖・伊藤茂訳，NTT出版
矢守克也，2010『アクションリサーチ──実践する人間科学』新曜社
ワース，L.，2011「生活様式としてのアーバニズム」松本康訳，松本康編『近代アーバニズム』日本評論社

〈第5章〉
新雅史，2012『商店街はなぜ滅びるのか──社会・政治・経済史から探る再生の道』光文社新書
ウェーバー，M.，1960『支配の社会学Ⅰ』世良晃志郎訳，創文社
────，2010『プロテスタンティズムの倫理と資本主義の精神』中山元訳，日経BP社
梅澤正，1988「現代社会の組織現象」小林幸一郎・梅澤正編『組織社会学』サイエンス社

黒田祥子，2013「内閣府規制改革会議 雇用ワーキンググループ資料 日本人の働き方と労働時間に関する現状」2016年7月7日取得，http://www8.cao.go.jp/kisei-kaikaku/kaigi/meeting/2013/wg2/koyo/131031/item2.pdf
厚生労働省，2014「過労死等に係る統計資料」（第1回過労死等防止対策推進協議会 配布資料）2016年7月7日取得，http://www.mhlw.go.jp/file/05-Shingikai-11201000-Roudoukijunkyoku-Soumuka/0000069063.pdf
サッセン，S.，1992『労働と資本の国際移動──世界都市と移民労働者』森田桐郎他訳，岩波書店
佐藤慶幸，1968「組織社会学序説」佐藤慶幸・吉田裕・吉川栄一『組織社会学』学文社
中小企業庁，2015『2014年版中小企業白書』2016年7月7日取得，http://www.chusho.meti.go.jp/pamflet/hakusho/H26/PDF/h26-pdf_mokuji.html
内閣府，2011「年次経済財政報告 平成23年度──日本経済の本質的な力を高める」2016年7月7日取得，http://www5.cao.go.jp/j-j/wp/wp-je11/11p00000.html
マートン，R. K.，1961『社会理論と社会構造』森東吾・森好夫・金沢実・中島竜太郎訳，みすず書房
見田宗介，2012『見田宗介著作集Ⅳ 近代日本の心情の歴史』岩波書店
労働政策研究・研修機構，2013「第6回 勤労生活に関する調査」2016年7月7日取得，http://www.jil.go.jp/kokunai/reports/documents/report001.pdf

〈第6章〉
赤木洋一，2007『「アンアン」1970』平凡社新書
五十嵐太郎編，2009『ヤンキー文化論序説』河出書房新社
井上忠司＋サントリー不易流行研究所，1993『現代家庭の年中行事』講談社現代新書
大塚英志，1989『少女民俗学──世紀末の神話をつむぐ「巫女の末裔」』光文社
岡本信也，1997「考現学の方法とその発展」川添登・佐藤健二編『講座生活学2 生活学の方法』光生館
桑原武夫，1963『日本文化の考え方』白水社
今和次郎，1987『考現学入門』藤森照信編，ちくま文庫
櫻井孝昌，2009『世界カワイイ革命──なぜ彼女たちは「日本人になりたい」と叫ぶのか』PHP新書
難波功士，2007『族の系譜学──ユース・サブ

カルチャーズの戦後史』青弓社
―――, 2009『ヤンキー進化論――不良文化はなぜ強い』光文社新書
森岡清美・塩原勉・本間康平編, 1993『新社会学辞典』有斐閣
山根一眞, 1986『変体少女文字の研究――文字の向うに少女が見える』講談社
四方田犬彦, 2006『「かわいい」論』ちくま新書

〈第7章〉
梅棹忠夫, 1999『情報の文明学』中公文庫
熊坂賢次・山崎由佳, 2011「おしゃべりなロングテールの時代――東京ガールズのネットコミュニティ解析」『法学研究』84(6)：501-530
総務省, 2015『平成27年版 情報通信白書』日経印刷株式会社
タプスコット, D., 2009『デジタルネイティブが世界を変える』栗原潔訳, 翔泳社
濱野智史, 2015『アーキテクチャの生態系――情報環境はいかに設計されてきたか』ちくま文庫
マクルーハン, M., 1987『メディア論――人間の拡張の諸相』栗原裕・河本仲聖訳, みすず書房
水越伸, 1996「情報化とメディアの可能的様態の行方」井上俊他編『メディアと情報化の社会学』岩波書店
宮台真司, 2006『制服少女たちの選択』朝日文庫
ラパポート, S., 2012『リッスン・ファースト！――ソーシャルリスニングの教科書』電通ソーシャルメディアラボ訳, 翔泳社
リースマン, D., 1964『孤独な群衆』加藤秀俊訳, みすず書房

〈第8章〉
小倉千加子, 2007『結婚の条件』朝日文庫
国立社会保障・人口問題研究所, 2012「2012年版 人口統計資料集」2016年10月4日取得, http://www.ipss.go.jp/syoushika/tohkei/Popular/Popular2012.asp?chap=0
斎藤美奈子, 2003『モダンガール論』文春文庫
酒井順子, 2006『負け犬の遠吠え』講談社文庫
田中俊之, 2015『男がつらいよ――絶望の時代の希望の男性学』KADOKAWA
難波功士, 2009『創刊の社会史』ちくま新書
浜崎廣, 1998『雑誌の死に方――"生き物"としての雑誌, その生態学』出版ニュース社
フリーダン, B., 2004『新しい女性の創造（改訂版）』三浦冨美子訳, 大和書房
米澤泉, 2010『私に萌える女たち』講談社

Goffman, E. 1979, *Gender Advertisements*, Harvard University Press.

〈第9章〉
移住労働者と連帯する全国ネットワーク編, 2012『移住者が暮らしやすい社会に変えていく30の方法』合同出版
稲月正, 2008「民族関係研究における生活構造論的アプローチの再検討」『日本都市社会学会年報』2008(26)：73-85
苅谷剛彦, 2002『知的複眼思考法――誰でも持っている創造力のスイッチ』講談社＋α文庫
谷富夫, 2015『民族関係の都市社会学――大阪猪飼野フィールドワーク』ミネルヴァ書房
レイガン, C. C., 1993『社会科学における比較研究――質的分析と計量的分析の統合にむけて』鹿又伸夫訳, ミネルヴァ書房

〈第10章〉
吉川徹, 2009『学歴分断社会』ちくま新書
鈴木翔, 2012『教室内カースト』光文社新書
日本学生支援機構, 2016「平成26年度学生支援調査結果（PDF）」2016年4月22日取得, http://www.jasso.go.jp/about/statistics/gakusei_chosa/2014.html

〈第11章〉
警察庁, 2008「平成19年中における自殺の概要資料」2016年7月31日取得, https://www.npa.go.jp/toukei/index.htm
―――, 2016「平成27年中における自殺の状況」2016年7月31日取得, http://www.npa.go.jp/toukei/index.htm
全国クレジット・サラ金被害者連絡協議会, 2014「全国クレジット・サラ金被害者連絡協議会」2016年12月27日取得, http://www.cre-sara.gr.jp/
日本学生支援機構, 2015「平成26年度奨学金の返還者に関する属性調査結果」2016年7月31日取得, http://www.jasso.go.jp/about/statistics/zokusei_chosa/h26.html
日本弁護士連合会消費者問題対策委員会, 2015「2014年破産事件及び個人再生事件記録調査」2016年7月31日取得, http://www.nichibenren.or.jp/library/ja/publication/books/data/2014/2014_hasan_kojinsaisei.pdf
宝月誠, 2004『逸脱とコントロールの社会学――社会病理学を超えて』有斐閣
宮部みゆき, 1998『火車』新潮文庫
Lemert, E. M., 1951, *Social Pathology: A Systematic Approach to the Theory of sociopathic Behavior,*

引用文献

McGraw-Hill.

〈第 12 章〉

塩原勉編，1989『資源動員と組織戦略——運動論の新パラダイム』新曜社

西山志保，2007『［改訂版］ボランティア活動の論理——ボランタリズムとサブシステンス社会へ』東信堂

原田晃樹・藤井敦史・松井真理子，2010『NPO 再構築への道——パートナーシップを支える仕組み』勁草書房

兵庫県（兵庫県県民生活部生活文化局生活創造課），2006「阪神・淡路大震災一般ボランティア活動者数推計（H 7 . 1 〜H12. 3 ）」，2016 年 11 月 20 日取得，https://web.pref.hyogo.lg.jp/kk41/documents/000036198.pdf

平松闊・鵜飼孝造・宮垣元・星敦士，2010『社会ネットワークのリサーチ・メソッド——「つながり」を調査する』ミネルヴァ書房

山下祐介・菅磨志保，2002『震災ボランティアの社会学——〈ボランティア＝ NPO〉社会の可能性』ミネルヴァ書房

リップナック，J.／スタンプス，J.，1984『ネットワーキング——ヨコ型情報社会への潮流』正村公宏監修，社会開発統計研究所訳，プレジデント社

〈第 13 章〉

小林傳司，2007『トランス・サイエンスの時代——科学技術と社会をつなぐ』NTT 出版

鳥越皓之編，1989『環境問題の社会理論——生活環境主義の立場から』御茶の水書房

藤垣裕子，2003『専門知と公共性——科学技術社会論の構築へ向けて』東京大学出版会

ベック，U.，1998『危険社会——新しい近代への道』東廉・伊藤美登里訳，法政大学出版局

丸山康司，2013「持続可能性と順応的ガバナンス——結果としての持続可能性と「柔らかい管理」」，宮内泰介編『なぜ環境保全はうまくいかないのか——現場から考える「順応的ガバナンス」の可能性』新泉社

宮内泰介編，2009『半栽培の環境社会学——これからの人と自然』昭和堂

ルーマン，N.，2014『リスクの社会学』小松丈晃訳，新泉社

Goffman, E., 1974, *Frame Analysis: An Essay on the Organization of Experience*, Harvard University Press

Weinberg, A. M., 1972, "Science and Trans-Science," *Minerva*, 10(2): 209-222.

〈第 14 章〉

ギデンズ，A.，2015『揺れる大欧州——未来への変革の時』脇阪紀行訳，岩波書店

総務省，2016a「衆議院議員総選挙（大選挙区・中選挙区・小選挙区）における投票率の推移」2016 年 8 月 8 日取得，http://www.soumu.go.jp/main_content/000255919.pdf

―――――，2016b「衆議院議員総選挙における年代別投票率（抽出）の推移」2016 年 8 月 8 日取得，http:// www. soumu. go. jp/ main_content/ 000255967.pdf

索　引

*太字は，各章のキーワード

あ行

アイデンティティ　11, 12, 14, 20, **24**, 188, 213
アクションリサーチ　62-65, **67**
新しい社会運動　186, **188**　→社会運動
アーバニズム　65, **67**
アンビヴァレンス（アンビヴァレント）　**12**, 13, 18, 19, 23
石川准　11, 17
移住　14, 61, 65, 132, 141, 143
　　──労働者　132, 143　→労働者
稲月正　142
インタビュー　19, 161, 162, 166, 172, 182
ウェーバー，M.　75, 79, 82, 154, 157, 215
梅棹忠夫　113
エスニシティ　140, 141, **143**, 153, 154, 188
エスピン＝アンデルセン，G.　50, 51, 53
NGO　143, 174, 187, **188**
NPO　143, 174, 175, 177-187, **188**
大きな政府　48, 49, **53**
大人女子　123-125, 127

か行

階級　14, 15, 50, 51, 153-156, **157**, 188　→労働者階級
介護　31, 33-36, 42, 51, 180
　　──殺人　30-36
外国人　131-143
　　──労働者　131, 138, 140　→労働者
解釈枠組み（フレーム）　198
階層　53, 113, 151, 154-156, **157**
科学技術　200, **203**
格差　53, 78, 146-149, 151-157, 160, 175
　　──社会　69, 77, 146, 147, 152, 156
学歴社会　152, 153, **157**
学歴分断社会　152, 153, 156, 157
価値観　56-58, 61-66, 109, 126, 127, 170, 201, 202, 213, 215, 217
ガラスの天井　126
加齢効果　210
過労死　75, 76, 80
かわいい文化　94-97
環境社会学　201, **203**
官僚制　75, 79, 80, **82**, 215
ギデンズ，A.　38, 215
共生　133, 135, 136, 138, 141, 180, 184, 187

クーリー，C. H.　38
グローバリゼーション　80, 87, 132, 141, **143**
桑原武夫　97
結婚　29, 30, 35-38, 116, 120-122, 124, 126, 127, 131, 210
欠如モデル　199-201
現代風俗研究会　97
考現学　91, 92, **98**, 113
公式統計　5, 29, 32, 33, 42, 47
公職選挙法　205, 206, 209, 212, 217
構築主義　172
高度経済成長　13, 155
国民負担率　46-48
ゴフマン，E.　115, 198
コミュニティ　56, 61, 62, 64-66, **67**, 111, 112, 136, 138, 142, 180, 181, 185　→多民族コミュニティ
コミュニティ・サポートセンター神戸（CS 神戸）　178, 180-182, 184, 186
雇用社会化　77-80
今和次郎　91, 98

さ行

サイレント・マジョリティ　111
作田啓一　20, 24
サッセン，S.　78
サルトル，J.-P.　19
参与観察　172, 194, 198
自営業　76-79, 81, 150
ジェンダー　87, 115, 116, **129**, 148, 154, 157
資源動員論　186
自助グループ　161, 162, 165-167, 169, 171
GDP（国内総生産）　43-47
市民性教育　212, 213, 216
社会運動　174-177, 182, 185-188　→新しい社会運動
社会規範　48, 51, **53**, 168, 170, 172
社会調査　4, 149, 151, 152, 166, 172
社会的コントロール　170, 171, **172**
社会的性格　24, 111, **113**
社会保障　35, 43-48, 124, 169
社会問題　51, 76, 159-161, 169-171, **172**, 176
重回帰分析　152
宗教　49, 50, 98, 140, 206, 210
就職氷河期　70
羞恥　19, 20
18 歳選挙権　205, 206, 212
常識　27, 215
少年犯罪　30
消費社会　95-97, **98**
情報化　100-102, 111, **113**
消滅自治体　55

223

索　引

人口減少時代　65
新・専業主婦　121-123
親密性　35, 38
生活知　201, 202
政治運動　50
政治的社会化　215, 216, **217**
性別役割分業　121-123, 125, 127, 128, **129**
セクシュアリティ　115, 126, **129**
選挙　205-215, **217**
専業主夫　117, 127-129
相互作用　169, 171
組織　50, 57, 61, 62, 64, 69, 75, 79, 80, **82**, 176-188, 196-198, 209-211　→中間支援組織
ソーシャルメディア　100-104, 106-112, 175
ソーシャルリスニング　109
存在証明　11-13, 15, 17, 22, 23

た行

第一次集団／第二次集団　35, 36, **38**
大学進学志向　149-153
大衆芸術　74, 75
他者　10, 12-16, 18-21, 23, **24**, 63, 168, 170, 174, 175, 177, 186
谷富夫　141-143
多民族コミュニティ　134, 138, 142　→コミュニティ
男女雇用機会均等法（均等法）　70, 122, 123, 125
地域社会　55, 57, 62, 64-67, 77-79, 133, 134, 176, 194, 198, 200, 201
地方　13, 17, 55, 56, 59, 63, 65, 132, 211
中間支援組織　179, 184　→組織
長時間労働　75, 76, 80, 216
沈黙の螺旋　22
当事者　140, 160-162, 166, 170, 183, 184
投票率　206-212, 216
都市　13-15, 17, 20, 21, 55, 65, 67, 78, 91, 98, 131, 132, 143, 154, 177

な行

中村順子　178-184, 186
ナショナリズム　141
名前のない問題　127
二次資料分析　32, 47
ネットワーク　100, 132, 141, 143, 177, 180, 182-184, 186, 187, **188**

は行

阪神・淡路大震災　100, 103, 175, 177-179, 181
比較研究　139, 140

東日本大震災　103, 137, 175, 181
フィールドワーク　67, 92, 143
風俗　91, 92, 95, 97, **98**
フェイスシート　162
不確実さ　200, 201
福祉　33, 40, 42, 49, 51-53, 177-179, 184, 211
　──国家　42, 49-51, **53**
　──サービス　40, 178-180, 183
不平等　146, 148, 149, 152-154, 156, **157**
フリーダン，B.　126, 127, 129
ヘイトスピーチ　135, 138, 141
ベッカー，H.S.　172
ベック，U.　203
ボランティア　35, 36, 60, 62, 174, 175, 177-180, 183, 184, 186, 188

ま行

マクルーハン，M.　110, 113
マスメディア　69, 100-103, 109-113, 171
まなざし　10, 12-21, 23, **24**
「まなざしの地獄」　12, 13, 15-17, 21, 22
マミートラック　126
マルクス，K.　154, 157
見田宗介　13-15, 18, 19, 24, 74, 75
民主主義　53, 148, 152, 157, 205, 206, 214, 215, **217**
民族関係　141, 142, **143**

や行

柔らかい環境保全　201

ら行

ライフコース　36, 37, **38**, 120, 121, 123-125, 127
ライフスタイル　101, 103, 110-113, 124, 187
ライフヒストリー　166, 176, 182, 187
ラベリング　168-171, **172**
ラポール　166
リスク　81, 156, 183, 200, 201, **203**
リースマン，D.　111, 113
両義性　12, 24
良妻賢母規範　125, 126
レマート，E. M.　170
労働者　50, 51, 69, 70, 76, 78, 80, 82, 131, 134, 136, 154, 155, 157　→移住労働者，外国人労働者
　──階級　154, 155, 157　→階級
ロングテール　111, 112

わ行

ワーキングプア　69, 146

執筆者紹介

第 1 章　奥村　隆（おくむら　たかし）
　　　　関西学院大学社会学部教授

第 2 章　柴田　悠（しばた　はるか）
　　　　京都大学大学院人間・環境学研究科教授

第 3 章　三谷　はるよ（みたに　はるよ）
　　　　龍谷大学社会学部准教授

第 4 章　笠井　賢紀（かさい　よしのり）
　　　　奥付の編者紹介を参照

第 5 章　阿部　真大（あべ　まさひろ）
　　　　甲南大学文学部教授

第 6 章　工藤　保則（くどう　やすのり）
　　　　奥付の編者紹介を参照

第 7 章　白土　由佳（しらつち　ゆか）
　　　　文教大学情報学部専任講師

第 8 章　米澤　泉（よねざわ　いずみ）
　　　　甲南女子大学人間科学部教授

第 9 章　挽地　康彦（ひきち　やすひこ）
　　　　和光大学現代人間学部教授

第 10 章　吉川　徹（きっかわ　とおる）
　　　　大阪大学大学院人間科学研究科教授

第 11 章　大山　小夜（おおやま　さや）
　　　　奥付の編者紹介を参照

第 12 章　宮垣　元（みやがき　げん）
　　　　慶應義塾大学総合政策学部教授

第 13 章　青木　聡子（あおき　そうこ）
　　　　東北大学大学院文学研究科准教授

第 14 章　西田　亮介（にしだ　りょうすけ）
　　　　東京工業大学リベラルアーツ研究教育院准教授

編者紹介

工藤　保則（くどう　やすのり）
龍谷大学社会学部教授。主著に『46歳で父になった社会学者』（ミシマ社、2021年）、『はじめての社会調査』（共編著、世界思想社、2023年）など。

大山　小夜（おおやま　さや）
金城学院大学人間科学部教授。主著に『ウォール・ストリート支配の政治経済学』（共著、文眞堂、2020年）、「被害認識の論理と専門職の精神——過剰債務の社会運動から」（『社会学評論』71巻2号、2020年）など。

笠井　賢紀（かさい　よしのり）
慶應義塾大学法学部准教授。主著に『栗東市の左義長からみる地域社会』（サンライズ出版、2019年）、『共生の思想と作法——共によりよく生き続けるために』（共編著、法律文化社、2020年）など。

基礎ゼミ　社会学

2017年2月20日　第1刷発行
2024年3月15日　第6刷発行

定価はカバーに表示しています

編　者　　工　藤　保　則
　　　　　大　山　小　夜
　　　　　笠　井　賢　紀

発行者　　上　原　寿　明

世界思想社

京都市左京区岩倉南桑原町56　〒606-0031
電話 075(721)6500
振替 01000-6-2908
http://sekaishisosha.jp/

© 2017 Y. KUDO, S. OYAMA, Y. KASAI　Printed in Japan
（印刷 太洋社）

落丁・乱丁本はお取替えいたします。
日本音楽著作権協会（出）許諾第1613929-903号

JCOPY　〈(社)出版者著作権管理機構 委託出版物〉

本書の無断複写は著作権法上での例外を除き禁じられています。複写される場合は、そのつど事前に、(社)出版者著作権管理機構（電話 03-5244-5088、FAX 03-5244-5089、e-mail: info@jcopy.or.jp）の許諾を得てください。

ISBN978-4-7907-1692-1